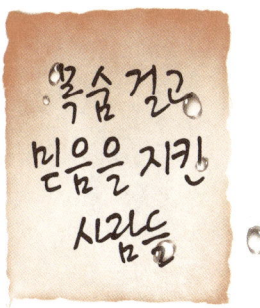

목숨 걸고
믿음을 지킨
사람들

작자미상

나침반

『 지하 공동체 카타콤에서

믿음을 지키다 순교한

마셀루스와 공동체

사람들의 이야기 』

이 책에서 우리는 옛날 로마가 행한 가혹한 박해 속에서 성도들은 주 예수 그리스도를 위하여 무엇을 희생하고 참고 견디었는가를 생생하게 엿보게 될 것이다.

"네가 죽도록 충성하라 그리하면 내가 생명의 면류관을 네게 주리라"계 2:10 하신 서머나 교회에 대한 약속은, 오늘날 우리들에게도 간절히 다가오는 메시지를 주고 있다.
지구상 도처에서 들려오는 순교자들의 피의 부르짖음은 온 세계의 그리스도인들에게 경종이 되고 있다.

"아멘, 주 예수여 오시옵소서"

차 례 _ 목숨 걸고 믿음을 지킨 사람들

1장

콜로세움[원형경기장]에서

"주 예수여, 내 영혼을 받으소서."

"저 바타비아 사람들은 훌륭한 투기사들이지, 마셀루스? 로마의 큰 명절 날 원형경기장에서 한 젊은 장교는 곁에있는 동료를 돌아보며 물었다.

"물론 그렇지, 루쿨루스."

물음을 받은 그의 동료는 대답하였다.

"나는 저렇게 재주 있는 검사들을 전에 본 일이 없네. 두 사람 다 뛰어난 기량을 가졌어."

"그들보다 더 훌륭한 자가 저 속에 들어 있다네."

"오호, 그게 누군가?"

"검사 마세르일세. 아마 그가 가장 나을걸."

"나도 그의 이름을 들은 일이 있네. 오늘 그도 나오는가?"

"그렇다고 하던데…."

이때 흉악한 맹수가 극도에 달한 굶주림과 분노를 못이겨서 지르는 우렁찬 포효소리가 들려오자 두 사람의 대화는 끊어졌다.

곧 이어서 경기장의 한 편 구석에 뚫린 굴의 철창문을 위로 당겨서 여는 소리가 났다.

그 속에서 한 마리의 범이 어슬렁어슬렁 경기장으로 걸어 나왔다. 그것은 아프리카 산이었다.

동시에 반대쪽에서 사람 하나가 등을 떠밀려서 경기장 안으로 나타났다. 그는 보통 검사들과 같이 허리를 두른 가죽 옷 외에는 몸에 걸친 것이라고는 아무 것도 없었다.

모든 관중의 눈은 그를 주시하였다.

"마세르! 마세르!"

무수한 군중의 입에서는 요란한 환성이 터져 나왔다.

범은 경기장에 나타난 사람을 보자, 짧고 흉포한 소리를 질렀다. 그는 곧 몸을 웅크리더니, 순간, 쏜살같이 일직선으로 사람을 향해 날아들었다. 그러나 마세르는 준비가 되어 있었다. 번개 같이 좌로 몸을 튼 그는 땅에 범이 떨어지는 찰라 그 염

통에 짧으나 야무진 비수를 박았다.

관중들의 열광적인 환성은 우뢰소리 같이 허공을 울리고 또 울렸다.

"놀랍다!"

마셀루스는 탄성하며 말했다.

"나는 저런 재주를 본 일이 없다."

범의 시체가 운반되어 나가자, 다시 철창문의 열리는 소리가 관중들의 주의를 끌었다.

이번에는 사자였다.

그 사자도 여러 날 동안 먹지를 못하였으나, 범과 같은 사나운 기세를 보이지 않았다. 그는 경기장을 가로질러 걸어가더니 다시 그 주위를 한 바퀴 돌면서 도망칠 구멍을 찾았다. 그러나 사방이 다 막힌 줄을 안 사자는 돌이켜 경기장의 중앙에 돌아왔다. 거기서 그가 울린 포효소리가 얼마나 깊고 크고 긴지, 원형 경기장의 크나큰 돌들이 다 울리는 것 같았다.

마세르는 선 자리에서 움직이지 않았다. 이윽고 사자는 정

면으로 사람을 향했다. 눈과 눈이 서로를 노리면서 맹수와 사람이 마주 섰다.

담담한 사람의 눈초리가 동물의 분노를 자극하는 듯 보였다. 사자는 무서운 공격의 태세를 갖추며 몸을 가다듬었다.

사자의 몸집이 앞으로 날은 것처럼 보인 순간, 검사는 옆으로 비키며 맹수의 옆구리에 칼을 박았다. 그러나 칼은 사자의 늑골을 설 찌르고 검사의 손에서 떨어졌다. 상처를 입은 사자의 노기는 하늘을 찌르는 듯하였다.

그러나 마세르는 털끝 만한 동요의 빛도 보이지 않았다. 칼을 가지지 않은 빈손으로 그는 맹수의 다음 습격을 기다렸다.

두 번, 세 번, 사자는 땅을 차고 덤벼들었으나, 그럴 때마다 민첩한 검사는 몸을 피하여 한 걸음 두 걸음 칼이 떨어져 있는 지점까지 왔다.

칼을 집어든 그는 사자의 마지막 습격을 기다렸다.

다시 한 번 사자는 거센 몸짓으로 날아들었다. 결국 마세르의 칼은 사자의 심장을 꿰뚫었다. 거대한 맹수는 땅에 쓰러져 몸을 틀면서 고통하더니, 몸을 비틀며 일어나 경기장을 가로질러 달렸다. 그리고는 처음 들어왔던 입구 앞에 이르러, 마지막 비명을 크게 한번 지르고는 쓰러지고 말았다.

그칠 줄 모르는 열광적인 군중들의 찬사를 받으며 마세르가 서 있을 때 이번에는 사람 하나가 그의 맞은편 쪽에서 걸어 나왔다.

그는 아프리카 사람이었다. 몸에 부상을 입고 있었다. 싸매지도 않은 피투성이인 한 팔을 너덜거리며 고통을 못 이기는 걸음으로 마세르의 앞으로 걸어 나왔다. 죽임을 당하기 위해서 그가 몰아넴을 받았다는 것을 관중들은 즉시 알아차렸다.

가련한 그 흑인도 그것을 안 모양이었다. 그는 칼을 내던지며 부르짖었다.

"빨리 나를 죽여라! 이 고통을 면케 하라!"

그러나 관중들은 놀랐다. 마세르가 한 걸음 물러나면서 검을 내던졌기 때문이다. 아연한 관중들이 주시하는 앞에서 마세르는 소리를 높여 부르짖었다.

"황제 폐하, 나는 그리스도인입니다. 맹수와 더블어서는 싸우겠지만, 내 목숨을 보존하기 위해 저 사람을 죽일 수는 없습니다 차라리 저 사람의 손에 죽겠나이다. 흉포한 군중들이 방금 전까지 가졌던 놀라움은 즉시 격분으로 바뀌었다.

한낱 투기사 주제에 말이 많다는 것이다. 그들은 분노하였다.

"싸워라! 싸워!"

군중들은 저마다 우뢰와 같은 호령을 질렀다.

아프리카 사람의 용모는 악마와 같아졌다. 흉악한 그의 눈에 순간 놀람과 기쁨과 득의한 빛이 교차했다. 칼을 움켜쥔 그

는 마세르의 심장을 찔렀다.

"주 예수여, 내 영혼을 받으소서."

그의 목소리는 솟구쳐 오르는 핏덩어리와 함께 끊어졌다. 이 겸손하고 담대한 그리스도인의 영혼은 이 땅을 떠나 하늘에 있는 거룩한 순교자들 속으로 올라갔다.

마셀루스는 동료를 돌아보며 물었다.

"이런 광경을 자주 보게 되는가?"

"거의 날마다 있지. 그리스도인이 많이 잡혀 들어오고 있으니까. 저들은 동물과는 얼마든지 싸운다네. 젊은 여인들까지도 용감하게 사자 앞에 서거든. 그런데 이 사람들은 절대로 사람과는 싸우질 않으니 괴상한 일 아닌가. 미친 사람들이야. 마세르도 구경꾼들을 엄청 실망시켰어. 그는 분명히 제일 훌륭한 검사였는데. 그리스도인이 된 탓에 바보처럼 죽은거지."

• 당신이 그리스도인으로 살아가는 의미는 무엇인가?

2장
시위대 영내

우리를 사랑하신 그분에게 영광.
우리의 죄를 용서하신 주님에게 영광.

시위대 영내

마셀루스는 가데스에서 출생하여, 어려서부터 로마의 엄격한 통치아래서 자라났다.

군대에 들어온 후로 아프리카, 수리아, 영국등지에 주둔하는 동안, 그는 전쟁에서 나타낸 용맹 뿐만이 아니라, 군대를 인솔하는 데도 탁월한 재능을 보였기 때문에, 훈장도 여러개 받고 보기 드물게 고속 승진을 하였다. 그러던 중 마침 보고서 전달의 임무를 띠고 로마에 왔는데 그를 본 황제는 그를 심히 사랑하여 즉시 시위대 내의 요직에서 일하게 하였다.

루쿨루스는 이태리 밖에 나가본 일이라곤 없었다. 로마 시외도 나가본 일이 드물었다. 그는 로마에서 가장 유서 깊고 존경받는 명문들 중의 한 가문에서 태어나서 아무 부족함 없이 부와 권세를 누리고 있었다.

그는 마셀루스를 알게 된 처음부터 그의 호탕하고 솔직한 성품에 마음이 끌려 두 사람은 바로 막역한 친구가 되었다.

정부의 수뇌부 사정에 정통한 루쿨루스의 지식은 지방에서 갓나온 마셀루스에게 적지 않은 도움이 되었다. 그 날도 그는 루쿨루스의 안내로 처음 콜로세움에 구경을 갔었던 것이다.

시위대의 부대는 도시의 변두리에 위치하여 있었다. 도시의 성벽 가까이에 있는 한 겹의 성벽에 둘려 있는 골방 모양의 내무반에서 병사들은 기거하고 있었다.

수도권 안에서의 그들의 지위는 놀라울 정도로 높았으며 여러 세기에 걸쳐서 그들은 정부를 좌우하는 세력을 확보해 오고 있었다. 따라서 이 시위대 안의 요직에 있다는 것은 곧 머지않아 로마 제국의 요직에 앉을 수 있는 확실한 보증이었으며 그래서 마셀루스의 앞날의 출세는 자타가 의심 없이 인정하였다.

이튿날 아침 루쿨루스가 그의 방에 찾아 왔다. 인사를 나눈 후에 그는 어제 구경한 경기장의 이야기를 꺼냈다.

"그런 구경은 내 성격에 맞지 않아."

마셀루스는 고개를 저었다.

"도대체 당국자들은 왜 그러는거야? 비겁해. 상대가 되는 사람끼리 정당한 결투를 하는 것은 보기 좋지만, 어제 본 것과 같은 학살은 비열한 짓이야. 어째서 마세르를 죽게 하는거야? 그 사람은 용감하고, 그의 용기는 대단했어. 그리고 늙은이들과 어린 아이들을 짐승들에게 내어 주는 이유는 뭐냐구?"

"국법이 그렇기 때문이다. 그들은 그리스도인이거든."

"언제나 그런 판에 박힌 대답을 듣지만, 대관절 그리스도인이 무엇을 잘못했단 말인가. 나는 다니는 곳마다 그들을 보았는데, 그들이 국가와 국민들에게 해로운 일을 하는 것은 한 번도 본 적이 없네."

"그들은 극악한 무리들이야."

"그렇게들 말하지만, 그 증거가 무엇인가?"

"증거라니? 너무나 명백한 것들이 있지 않는가? 그들의 죄

목은 국가의 법률과 종교를 배반하는 것일세. 그들의 국가에 대한 반감은 얼마나 지독한지 국가를 위해 희생하기 보다는 죽음을 택하지 않는가? 그들은 황제폐하의 권위를 인정하기 보다 그들이 지금도 살아 있다고 믿는 처형당한 유대인을 믿고 따르지 않는가!"

"아마 자네 말이 옳을지 모르겠네. 그러나 나는 알 수 없어. 그들에 대해서 나는 아무 것도 모르겠어."

"그들은 가르치기를, 전쟁은 불의한 것이며, 군인은 야수와 같고, 우리 조국이 번영하는 데 절대적 영향을 끼친 우리의 영광스러운 종교를 저주하며, 그 영원불멸의 신들을 가리켜 심판 받을 마귀라고 하네. 그들의 교육은 모든 도덕을 파괴할 목적 밑으로 행해지고 있어. 그들의 비밀스런 의식에서 그들은 가장 흉악하고 추악한 죄악을 행하고 있어. 그들은 언제나 자기들끼리만, 도저히 우리에게는 이해가 되지 않는 비밀을 유지해 나가는데, 간혹 그들이 부르는 노래를 들으면 야비하기 그지없지."

"그렇다면 참으로 중대한 문제군, 만약 그것이 사실이라면,

그들은 처벌을 받아야 해. 그러나 자네의 말대로, 그들은 그들끼리만 비밀을 지켜 나간다고 하니 그렇다면 실제 우리는 그들에 대해서 많이 알고 있지 못할지도 모르겠군.

그런데 자네 생각은 어때? 어제 처형당한 그들이 그런 일들을 할 사람들 같던가? 그 노인이 그런 악한 성품을 가진 듯이 보이던가? 그 젊은 여자들이 사자를 기다리는 동안 부르던 노래들이 야비하던가?"

마셀루스는 기억을 더듬으며 어제 들었던 노래를 낮은 목소리로 불러 보았다.

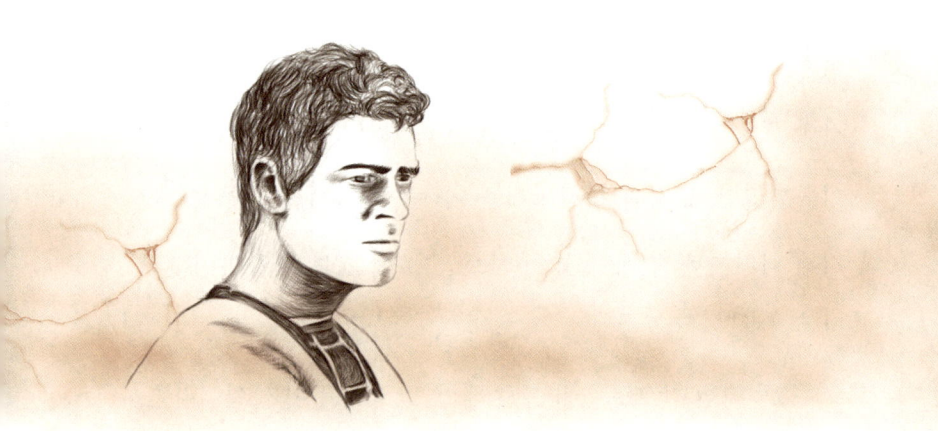

우리를 사랑하신 그분에게 영광.

우리의 죄를 용서하신 주님에게 영광.

마셀루스는 계속 말했다.

"나는 자네 앞에서 고백하는데, 그들을 보면서 나는 애통하였었네. 그리고… 내가 만약 로마 군인이 아니었더라면, 나는 울었을 걸세.

좀 생각해 보게. 자네가 내게 일러준 말은, 그리스도인에 대해서 잘 모르는 사람들에게서 들은 말에 지나지 않아. 자네는 그들이 불의하고 나약하고 인간 쓰레기라고 단정했지. 그러나 내가 본 그대로 말한다면 그들은 가장 탁월한 부류에 속하는 사람만이 감히 가질 수 있는 죽음에 대한 태도를 가졌어. 그들은 죽음을 용감하게 맞이하고 있었어. 그들은 장엄하게

죽어갔지. 로마의 역사를 다 뒤져도 어제 우리가 본 것 같은 충성의 장렬한 표본들은 찾지 못할 것일세. 자네는 말하기를 그들은 싸움을 싫어한다고 하지만, 그들은 용감하더군. 그들이 반역자라고 하지만, 그러나 그들은 국법에 항거하지 않았어. 자네는 단언하기를 그들은 부도덕하다고 하지만, 만약 땅 위에 순결이라는 것이 있다면, 그것은 어제 죽은 여자들에게서만 찾아볼 수 있을 걸세."

"자네는 그 불법자들에 대해서 열광적이군 그래."

"아닐세, 루쿨루스. 나는 이 사실을 알고 싶네. 나는 지금까지 오랫동안 여러 사람들에게 자네 말과 같은 이야기들을 들어왔었네. 그런데 이젠 처음으로 나는 그 말들을 의심하게 되었어.

나는 지금 자네에게 열심히 물었는데, 자네의 대답은 사실 무근한 지식 위에 기초한 것임을 알았네. 그리고 이제 기억이 나는데 내가 세계 각처에서 만나 본 그리스도인들은, 모두 다 화평하고 정직했었네. 그들은 불법집회에 가담하거나 남에게 해악을 끼치는 일이 없었어, 그들에 대해서 유포되고 있는 혐의들을 입증할 증거는 하나도 없었다네. 그렇다면 왜 그들은 죽어야 하는가?"

"황제께서는 그 일에 정당한 이유가 있을걸세."

"이미 죽은 자의 수가 막대하겠지?"

"암, 수천 명일걸. 그리고 아직 남은 자들도 무수한데 잡을 수가 없어. 참 그러고 보니, 자네에게 전할 것이 생각났네. 황제폐하의 명령서일세."

루쿨루스는 군복의 안 섶에서 양피지(羊皮紙)의 두루마리를 꺼내서 마셀루스에게 주었다.

마셀루스는 정색을 하고 두루마리의 글을 읽어 내려갔다. 내용인즉 그를 또다시 승진시키고, 새 직책으로서 그리스도인들이 숨어 있는 장소, 특히 카타콤에서 그들을 색출(索出)하여 검거하는 일을 맡긴다는 것이었다.

이마를 찌푸리면서 다 읽고 난 마셀루스는 명령서를 탁자 위에 놓았다.

"과히 반갑지 않은 모양일세 그려?"

"솔직히 말해서 이런 일을 나는 즐기지 않는다네. 나는 군인일세. 노인이나 나약한 아이들을 잡아서 경찰에게 넘기는 일은 하고 싶지 않아. 그렇지만 나는 군인이니 복종해야지. 카타콤에 대해서 좀 알려주게."

"카타콤 말인가? 그것은 이 로마시의 땅 속에 있는 지하굴을 가리킨다네. 얼마나 넓은지… 자세히 아는 사람이 없어. 벌써 몇 백 년 전부터 있었다는데, 아마 로마도시를 건축한 벽돌을 굽기 위해서 거기서 흙을 파낸 모양이야. 그리고 거기는 입구가 수 없이 많은데, 그 속에 들어가면 그 속에 사는 사람들의 안내를 받지 않고는 나올 수가 없다더군."

"누가 그 속에 사는데?"

"토공(土工)들이지. 그들은 지금도 흙을 파서 건축자들에게 제공해 벌어먹고 사는데, 그들의 거의 전부가 그리스도인이라고 하더군. 들리는 말에 의하면 그들은 죽은 그리스도인을 장사하기 위해 그 지하에 묘 구덩이를 계속 파고 있다더군. 그 사람들은 일생을 그 속에서 살아서, 그 안의 통로들을 잘 알 뿐 아니라 그 속을 안내하는 일종의 본능적 재주들을 가졌다고 하더군."

"자넨 거기에 들어가 본 일이 있는가?"

"꽤 오래전에 한번 들어가 보았지. 토공이 안내를 했는데, 잠시 동안 있다가 나왔지만 세상에서 흉한 곳은 그곳이라는 인상을 받았었네."

"그 토공들이 우리도 안내해 줄까?"

"안 할걸. 그들은 그리스도인과 내통하고 있거든."

"누가 시도를 해보았다고 하던가?"

"해보고 말고. 한번은 안내하겠다는 토공이 있어서 군인들이 따라 들어갔는데, 얼마 못가서 그들은 당황하게 됐다네.

그러다가 횃불이 꺼져 군인들이 질겁을 하고 그리스도인들은 다 도망간 모양이라고 하면서 다시 입구까지 안내를 해돌아 나가게 해달라고 토공에게 애원했다더군. 만일 군인들이 수색을 계속하려고 하면 토공들은 그들을 끌고 몇 년이라도 그 미로(迷路)속을 헤매게 할 수 있다는 거야."

"내가 성공할 가능성은 극히 적군."

"극히 적지. 그러나 자네의 용기와 민첩성(機敏性)에는 많은 기대를 걸 수 있지. 이 일을 자네가 성공하면, 자네는 운이 트이네.

자, 그러면 다시 만나세. 내가 아는 것은 다 말했으니까, 이제는 토공들에게 더 알아보게."

이렇게 말하고 루쿨루스는 돌아갔다.

- 당신은 하나님의 자녀로서 의무를 다하고 있는가?

3장

압피아 도로 ^[道路]

“나는 할 수 없습니다.”
소년의 어조는 강했다.
“어째서?”
“나는 그리스도인입니다.”

압피아 도로

마셀루스는 자신에게 부과된 임무수행에 즉시 착수하였다.

루쿨루스가 다녀간 다음 날 그는 현지답사를 하기로 하였다.

그 날은 다만 대략 그곳의 형편을 탐문할 예정이었으므로, 그는 부하 한 명도 거느리지 않은 채, 혼자 부대를 나서서 시가지를 지나 압피아 도로로 걷기 시작했다.

그는 천천히 걸어가면서 만나는 행인들의 태도를 빠짐없이 살피는 한편, 길가의 건물들에도 세심한 주의를 기울였다.

어느덧 해가 기울어지고 날이 저물어갔다. 그러나 마셀루스는 카타콤에 들어가는 입구가 많다는 말을 굳게 기억하면서 정찰을 계속했다.

그가 이 골목 저 골목을 기웃거리며 살피기도 하고, 혹은 좁은 샛길에 접어들었다가는 다시 돌아서 나오기도 하면서 목적물을 찾고 있을 때, 이쪽으로 걸어오는 두 사람을 발견했다. 중년의 남자는 앞서고 소년 하나가 뒤따르고 있었다. 그의 수고는 헛되지 않았다.

흙과 모래에 찌든 허술한 옷을 입은 사나이의 얼굴빛은, 오랜 세월을 감방에서 보낸 사람의 안색인 양, 창백하고 여위었다.

갑자기 그들의 앞에 다가선 마셀루스는 손을 그의 어깨에 얹으면서 말을 걸었다.

"당신 토공이지? 나를 좀 따라 와."

사나이는 마셀루스를 힐끗 쳐다보았다. 당당한 얼굴과 장교 복장을 본 그는 질겁을 하였다. 순간 사나이는 몸을 돌이켜 달아나기 시작했다. 마셀루스는 몇 걸음 뒤쫓았으나, 삽시간에 사나이는 사방으로 찢어진 골목길 안으로 자취를 감추고 말았다.

그는 소년을 붙들었다.

"나를 따라 와."

이렇게 말하는 마셀루스의 눈을 쳐다보는 소년의 얼굴은 공포에 떨고 있었다.

"제발 살려 주세요. 저는 어머니를 모시고 살아야해요. 제가 잡혀가면 어머니는 돌아가실거에요."

외치던 소년은 마셀루스의 발밑에 주저앉았다.

"나는 너를 해치려는 것이 아니다. 자, 이리로 와!"

그는 소년을 일으켜서 길가의 공터로 데리고 갔다. 거기서 그는 소년의 앞을 막아서며 물었다.

"자, 이제 사실대로 말해 봐. 네 이름이 뭐지?"

"폴리오에요."

"집은 어디냐?"

"로마에 있어요."

"그런데 여기는 무엇하러 왔니?"

"심부름 왔어요."

"그 봇짐은 뭐지?"

"양식이에요."

"어디로 가져가는거냐?"

"이 근처에 사는 가난한 사람에게 가지고 가요."

"그 사람의 집이 어디야?"

"여기서 가까워요."

"자, 이제 내게 사실대로 말해 봐라. 너 카타콤에 대해서 아
는 것이 있지?"

"이야기를 들은 적이 있어요."

소년의 음성은 조용하였다.

"거기에 들어가 본 적은?"

"몇 군데 들어가 보았어요."

"거기 사는 사람들 중에 네가 아는 사람이 있나?"

"몇 사람 알아요. 아까 그 토공은 거기 살아요."

"그러면 너는 그 토공과 함께 카타콤으로 가는 길이었구나?"

"이 시간에 제가 거기에 무슨 볼 일이 있겠어요?"

소년은 시치미를 떼었다.

"내가 알고 싶은 것은 그것이다. 너 거기에 가는 길이지?"

"나라에서 통행을 금하는 지역에 제가 어떻게 가요?"

마셀루스는 돌연 말머리를 돌리며 말했다.

"저녁때가 됐는데… 애야, 저기 있는 사원에 나와 같이 가서 저녁 예배를 드리자."

소년은 주저하는 빛을 보이고 나서 말했다.

"저는 바쁜데요."

"그러나 너는 내가 체포한 사람이야. 나는 신들을 경배하는 일을 게을리 하지 않는다. 나를 따라 와서 내 경배를 도와라."

"나는 할 수 없습니다."

소년의 어조는 강했다.

"어째서?"

"나는 그리스도인입니다."

"그런 줄 알았어. 그러니까 저 카타콤에 아는 사람이 있어서 지금 그리로 가는 길이었지?

이제 그 카타콤에 들어가는 입구를 내게 말해!"

"아, 군인 아저씨. 제발 살려 주세요! 그것만은 할 수 없습니다. 저는 교우들을 배반할 수 없습니다. 저를 차라리 감옥으로 데려가세요."

소년은 등을 돌렸다.

"그렇지만 네가 잡혀가면 네 친구들이 얼마나 걱정하겠냐? 너, 어머니 있지?"

소년은 고개를 숙이면서 울음을 터뜨리며 말했다. 사랑하는 어머니에 대한 기억이 갑자기 떠올랐기 때문이다.

"있는 모양이군. 그리고 너는 어머니를 사랑하는구나. 나를 카타콤으로 안내해라. 그러면 네 어머니를 다시 볼 것 아니냐?"

"나는 그들을 배반하지 않겠습니다. 내가 그들보다 먼저 죽겠습니다. 마음대로 하세요."

"얘야, 너 생각 좀 해봐라. 만약 내가 너희를 해치려고 했다면 이렇게 나 혼자서 여기에 왔겠니?"

"해치려고 하는 것이 아니라면 시위대 군인이 무엇하러 핍박을 받고 있는 우리 그리스도인들을 찾아 왔겠어요?"

"애, 정말 난 너희를 해치려는 마음이 없다. 네가 나를 그곳으로 안내해 주기만 하면, 네 친구들을 해치지 않을 것을 나는 맹세한다. 내가 카타콤에 내려가면, 나는 오히려 그들에게 잡힐 것이고, 그들이 도리어 나를 해칠지도 모르지 않니?"

"정말, 우리를 해치지 않겠다고 맹세합니까?"

"가이사의 생명과 불멸의 신들의 이름으로 맹세한다."

마셀루스는 엄숙히 말했다.

그러자 소년은 좁은 골목길로 들어서면서 말했다.

"그럼 따라 오세요. 등불은 필요 없습니다. 나만 조심해서

따라오면 됩니다."

> • 당신은 어떤 상황에서든지 그리스도인임을 당당히 선언할
> 수 있는가?

4장
카타콤

"은혜와, 영광과, 지혜와, 감사와, 존귀와,
능력과, 권세가 세세 무궁토록
우리 하나님께 있을지어다 아멘."

 카타콤

한 치 앞도 안 보이는 어둠 속을 얼마 동안 걷고 나자, 길이 훨씬 넓어지면서 그들 앞에 지하로 내려가는 계단이 나타났다. 마셀루스는 소년의 옷자락을 단단히 붙들고 뒤를 따라 내려갔다.

그는 지금 대단한 모험을 하고 있다. 그들의 탄압을 피해서 이 무서운 지하 굴에 숨어 있는 무리들 속에 자진하여 들어가고 있는 것이다.

그러나 그는 전에 만났던 그리스도인들에게서 받은 인상이 있었다. 가장 뚜렷하게 기억에 남아 있는 것은, 그들의 온유함과 자비로움이었다.

그들이 자신을 해칠 것이라고 의심하는 마음이 조금도 없었기 때문에, 그는 조금도 두려움을 느끼지 않았다. 다만 그가 위험속을 향해 가는 것은 지하 묘소에 살고 있는 그리스도인들에 대한 진상을 알고 싶은 욕망, 그들의 비밀을 알고 싶을뿐이었다.

　계단을 다 내려온 다음, 두 사람은 다시 평평한 통로를 얼마쯤 걸어 나가다가, 옆길로 돌아서 조금 더 갔다. 거기에는 천정이 동글게 솟은 빈 방이 하나 있었다. 방 한편 구석에 있는 벽난로에서 타고 있는 불빛때문에 방안은 어슴프레 윤곽을 나타내고 있었다.

소년은 아주 익숙한 걸음으로 방안에 들어서더니, 방바닥에서 횃불을 하나 집어 들어 불을 켜 들고는 다시 새로운 통로에 들어서서 걷기 시작했다.

공동묘지엘 가면 다른 곳에는 없는 공기가 떠돈다. 그곳의 분위기 전체가 자아내는 사망의 입김을 우리의 마음과 오관이 함께 느낀다.

카타콤의 공기가 바로 그런 것이었다. 차고도 축축한 그 공기는 처음으로 그곳에 발길을 들여놓는 사람에게는 바로 죽은 영혼들이 사는 세계에서 풍겨오는 싸늘한 바람 같이 느껴졌다.

그 어두움은 얼마나 짙은지, 마치 손으로 만질 수 있을 것 같았다.

소년이 든 횃불의 불빛은 불과 몇 걸음을 가지 못해서 어두움이 삼키어 버렸다.

갑자기 폴리오가 걸음을 멈추고 아래를 가리켰다.

마셀루스는 유심히 어둠 속을 내려다보았다. 그들의 앞에는 더 한층 깊은 층계로 내려가는 계단이 있었는데, 그 끝은 보이지 않았다.

"이 층계는 어디로 가는 것이지?"

"밑으로 갑니다."

"밑에도 샛길들이 있단 말인가?"

"있구말구요. 제가 가본 곳만해도 밑에 아직 세 층계가 더 있습니다."

그 계단을 내려가서 그들이 걸어간 길은 얼마나 굴곡이 잦던지, 몇 차례 방향을 바꾸고 난 후에는 마셀루스는 자기가 어디에 있는지 그 위치를 완전히 잃어버리고 말았다.

눈이 어두움에 익숙해지자 마셀루스는 통로의 좌우를 좀 더 분명히 살필 수 있었다.

통로의 좌우편에는 거의 빈틈없이 고인들의 위패가 걸려 있었다. 그 위패들은 곧 그 뒤에 뚫린 좁고 긴 묘혈들을 가리는 뚜껑이 되어있었다.

마셀루스는 서서 그 위패들을 읽어볼 수 없었지만, 지나는 눈결에 자주자주 다음과 같은 글귀들을 볼 수 있었다.

호노리아 — 평안 가운데 그녀는 잠들었도다.
파우스타 — 평안 속에서.

거의 위패마다에서 그는 이 동일한, 아름다운 말을 볼 수 있었다.

"평안"

'이와 같이 무서운 상황에서도 사망에 대해 고상한 비웃음을 가질 수 있는 이 그리스도인들이란 얼마나 놀라운 족속들인가!'

마셀루스는 탄복하였다.

그가 정신을 차리고 보니, 통로는 훨씬 좁아졌고, 천정도

낮게 드리워져서, 두 사람은 등을 구부리고 전보다 느리게 걸어야만 했다.

삼지 사방으로 찢어져 나간 갈림길을 수백 개나 그들은 지나쳤다. 마셀루스의 목숨은 이제 완전히 소년의 손에 넘어가 있었다.

"여기서 길을 잃는 사람이 있는가?"

"흔히 있어요."

"그들은 어떻게 되나?"

"어떤 사람은 헤매다가 사람을 만나서 살아나고, 어떤 사람은 영 소식을 모르게 되지요."

좌우의 벽에 뚫린 무덤구멍들 중에는 작은 무덤의 수가 큰 무덤의 수보다 훨씬 많은 것을 알게 됐다. 마셀루스의 젊은 가슴에는 뭉클 하는 것이 치밀었다.

'어린아이들이구나!

그 어린 것들, 순결하고 순수한 아이들이 이곳에서 무엇을 했을까? 이 해로운 공기와 물러갈 곳이 없는 이 어두움이 그

아름다운 생명들, 그 티 없는 영혼들을 그들의 때가 다하기 전에 일찍 이 땅을 떠나게 한 것이구나.'

마셀루스는 이곳에 들어오긴 전에 이들을 이곳으로부터 몰아낼 방법을 여러모로 생각해 보았는데 그 모두가 다 헛됨을 지금 깨달았다. 한 군단의 군대를 풀어서 이 속을 뒤질지라도 단 한 사람의 그리스도인도 만날 수 없을 것 같았다.

그때 그의 귀에 무슨 소리가 들려왔다. 낮은 선율적인 음향이 저 멀리 통로의 저편으로부터 들려왔다. 형언할 수 없이 아름다웠다. 황홀하게 된 마셀루스의 귀에는 마치 하늘로부터 들려오는 음향 같았다.

두 사람이 얼마가지 않아서 모퉁이를 하나 돌아서자 별안간 새로운 광경이 그들의 눈에 뛰어들었다.

"서세요!"

폴리오는 마셀루스를 정지시키고 나서 횃불을 껐다. 마셀루스는 그의 말에 따라 걸음을 멈추고, 앞에 벌어진 장면을 열심히 주시하였다.

그 방은 4미터 가량 높이의 둥근 천정에, 넓이는 사방 9미터 가량 되었는데, 거기엔 약 백 명쯤 되는 남녀와 아이들이 모여 있었다. 방 한 편에 탁자가 놓여 있었고 그 뒤에 이 모임의 인도자인 듯 보이는 위엄 있는 한 노인이 서 있었다.

여기저기에 세운 횃불들의 붉은 빛이 회중들의 모습과 실내를 삼엄한 색채로 비추고 있었다. 사람들의 얼굴은, 밖에서 마셀루스가 보았던 토공과 같이 모두 여위고 초췌하였다. 그러나 그들의 표정에는 슬픔이나 고민이나 실망의 기색이 없었다. 오히려 그들의 눈에는 소망이 빛나고 있었으며, 그들의 얼굴들은 환희와 승리에 넘쳐 있었다.

그 광경은 마셀루스의 영혼의 깊은 곳에까지 미치는 감동을 주었다. 그들이 그러는 이유는 알지 못했지만 이전부터 보아 온 그리스도인들의 영웅적이며, 소망과 화평에 찬 생활이 지금 눈앞에 보이는 그 광경으로 확증되었다.

그는 귀를 기울이고 온 회중이 한 목소리로 부르는 찬송 소리를 들었다. 찬송이 끝나자 그 위엄 있는 인도자가 두루마리를 펴들고 무엇인가 낭독을 하는데, 마셀루스에게는 처음 듣는 말이었다. 그러나 비록 그가 그 뜻을 다 깨달을 수는 없었으나, 그 단어들은 그의 심령을 흔들었다.

사망아 너의 이기는것이 어디 있느냐 사망아 너의 쏘는 것이 어디 있느냐 사망의 쏘는 것은 죄요 죄의 권능은 율법이라. 우리 주 예수 그리스도로 말미암아 우리에게 이김을 주시는 하나님께 감사하노니 그러므로 내 사랑하는 형제들아 견고하며 흔들리지 말며 항상 주의 일에 더욱 힘쓰는 자들이 되라 이는 너희 수고가 주안에서 헛되지 않은 줄을 앎이니라. 고린도전서 15:57~58

이 말들은 마셀루스의 심령에 새 사상과 새 세계가 펼쳐지는 것 같았다.

낭독이 끝난 후 인도자는 위를 우러러보며 두 손을 들고 열렬히 기도를 하였다. 보이지 않는 하나님 앞에 인도자는 자신들의 무가치함을 고백하고, 그리스도가 자신들을 대신해 십자가 위에서 돌아가시면서 흘리신 대속의 피로써 정결케 하여 주신 데 대하여 감사하였다. 그리고 위로부터 내려오는 성령의 은사로 자신들을 거룩하게 해달라고 인도자는 기도하였다. 그후 인도자는 자신들이 당하고 있는 슬픔과 어려움들을 열거하고 거기에서 이기기를 간구하였으며, 땅에서의 믿음과, 죽은 후의 승리와, 영생의 풍성한 은총을 자기들의 죄값을 대신 갚아주신 주 예수의 이름으로 주실 것을 기도하였다.

기도가 끝난 후 다시금 찬송을 불렀다.

"보라 하나님의 장막이 사람들과 함께 있으매,
하나님이 우리와 함께 거하시리니,
우리는 하나님의 자녀되고,
하나님은 친히 우리와 함께 계셔서,
모든 눈물을 그 눈에서 씻기시매,

다시 사망이 없고, 애통과 애곡과 아픔이 없으리니,

처음 것들이 다 지나갔음이러라 아멘."

"은혜와, 영광과, 지혜와, 감사와, 존귀와, 능력과, 권세가

세세 무궁토록 우리 하나님께 있을지어다 아멘."

이런 기도가 끝나자 회중은 흩어지기 시작했다. 폴리오는

마셀루스를 데리고 앞으로 나왔다. 난데없는 군인의 출현에

회중들은 크게 놀라면서 모두 샛길로 도망을 치려했다. 그러

자 마셀루스는 큰 소리로 외쳤다.

"여러분, 두려워 마십시요. 나는 여기 혼자 왔습니다. 여러

분의 손에 있는 사람입니다."

그들은 주춤하고 멈춰 서서 불안과 호기심에 싸인 눈으로

마셀루스를 주시하였다.

나이가 많은 인도자가 마셀루스를 정면으로 바라보며 물

었다.

"당신은 누구요? 어찌해서 당신은 우리를 이 땅 위에서의

마지막 피난처에까지 찾아 왔소?"

"나는 아무런 악의도 없소. 나는 여기에 혼자몸으로 왔으며 당신들의 처분만 바라는 사람이오."

"그럼 당신은? 무슨 죄를 범해 도망왔소? 당신의 생명이 위험하오?"

"아니오. 나는 지위가 높은 군인이요. 그러나 지금까지 진리를 알려고 무척 힘을 써 왔오.

그리스도교도인 당신들의 이야기를 많이 들었으나, 이렇게 핍박이 심한 오늘날, 로마 시내에서는 당신들을 만날 수가 없어서 여기까지 찾아온 것이오."

이 말을 들은 노인은 회중들을 향해서 이 새 손님과 더불어 이야기를 할 터이니 물러가 달라고 청하였다.

그리고 나서 노인은 마셀루스에게 말하였다.

"내 이름은 호노리우스이고, 그리스도교회의 말단에 있는 장로중 한 사람이오. 나는 그대가 진정과 열심으로 이곳을 찾은 줄을 믿소."

"제 이름은 마셀루스이며, 시위대의 대장 중 한 사람입니다."

"뭐라고!"

호노리우스는 엉겁결에 한 마디를 지르고 손을 뻗어 의자
에 덥석 주저앉고 말았다.

> • 당신은 예수님 때문이라면 어떤 어려운 환경도 겸허히 받
> 아들일 준비가 되어 있는가?

5장
기독교의 깊은 의미

"주여, 내가 믿나이다.
나의 불신을 용서하시고,
나의 믿음을 받아주소서!"

마셀루스는 노인이 자신의 이름을 듣고 놀라는 이유를 알 수 없었다.

"왜 그렇게 놀라십니까? 혹시 저 때문에 그러십니까?"

"이게 웬일이요?"

호노리우스는 다시 한 번 한숨을 쉬고 나서 말을 이었다.

"비록 우리가 이곳에 갇혀서 살지만, 우리는 시내 소식을 늘 듣고 있소. 며칠 전에 들으니, 당국은 한층 더 지독한 박해 방침을 세우고, 시위대 대장인 마셀루스 당신을 시켜 우리를 검거할 것이라는 말을 들었소. 그런데 우리의 원수의 우두머리격인 당신이 지금 여기서 있으니 어찌 내가 두려워 하지 않겠소? 그나저나 당신이 무슨 일로 우리를 찾아 여길 왔소?"

"저를 두려워하지 마십시오."

마셀루스는 큰 소리로 외쳤다.

"설사 내가 당신들의 원수라해도 나는 지금 당신들의 손에 있지 않소? 나는 여기서 아무 공권력도 행사할 수 없는 홀몸이요."

"하긴 그렇지."

호노리우스는 다시 침착해졌다.

"당신의 말대로 우리의 도움없이 당신은 여기서 돌아나갈 수가 없소."

"그러면, 이제 내가 여기 들어온 사연을 들어 주시기 바랍니다. 나는 로마 군인이올시다. 스페인에서 나서, 엄격한 예법을 지키는 가문에서 컸고, 어려서부터 나는 신들을 경외할 것과 의무에 충실할 것을 배웠습니다. 그리고 지금까지 그리스와 로마 현인들의 글을 많이 읽었습니다. 그 결과 나는 그 신들과 여신들이 나보다 나은 것이 없고 때로는 나보다 더 악한 것 같아 경멸하기도 합니다.

그러나 풀라톤과 시세로를 통하여 나는 내가 순종해야 할 '최고의 신'이 존재한다는 것을 깨달았습니다. 그러나 내가 어떻게 그를 알 수 있습니까? 또 어떻게 내가 그에게 순종할 수 있습니까?

또 나는 인간의 영혼이 불멸한다는 것과 내가 사후에도 영혼으로 존재한다는 것을 배웠습니다. 그때에 내 상태는 어떨는지, 행복할는지, 불행할는지? 그 영적 생명이 행복을 얻는 방법이 무엇인지를 나는 알 수 없습니다.

사제들의 말은 들을 것이 없습니다. 그들 자신부터 믿지 않는 다 낡은 의식을 그들은 되풀이하고 있을 뿐입니다. 낡은 종교는 죽었고, 사람들은 이미 그것에 신경쓰지 않습니다.

여러 나라들을 돌아다니는 중에 가는 곳마다에서 나는 그리스도인들의 이야기를 들었습니다. 나는 시중에 떠도는 당신들에 대한 소문을 들었습니다. 당신들은 부도덕하고, 나쁜 풍습을 행하며, 반역적인 교리를 믿는다는 말을 들었는데… 바로 얼마 전까지도 나는 그것을 믿었습니다.

그런데 수일 전에 나는 콜로세움에 갔었습니다. 거기서 처음으로 나는 그리스도인들에 대한 새로운 무엇을 깨달았습니다. 두려움이란 결코 모르는 검사 마세르가 자기의 믿는 바에 어긋난 일을 하기보다는 오히려 태연하고 당당하게 자기의 생명을 버리는 모습을 보았습니다.

또 노인 한 분이 평화로운 웃음을 띠고 죽어가는 것을 보았습니다. 그보다도 한 무리의 여자들이 맹수들에게 찢기기를 기다리는 동안 그들은 두려워 하는 것이 아니라 오히려 얼굴에 승리의 기쁨을 띠고 이런 노래를 불렀습니다.

우리를 사랑하신 그분에게 영광,
우리의 죄를 용서하신 주님에게 영광….

나는 지금까지 살아오면서 처음으로 죽음을 이기는 사람들을 보았습니다. 나도 두려움이 없이 죽음을 대할 준비가 되어 있습니다. 싸움터서의 군인은 다 그럴 것입니다. 그것이 우리가 해야할 태도입니다. 그러나 그 사람들은 군인들이 아니요, 심지어 어린 아이들까지도 그런 놀라운 기백을 가지고 있는 것을 보았습니다.

그날 이후로 나는 다른 것을 생각지 않았습니다.

당신들을 사랑한다는 그는 누굽니까? 당신들의 죄를 용서해준다는 이는 누굽니까? 당신이 방금 기도를 하던데 누구에게 기도한 겁니까?”

호노리우스는 깊이 고개를 끄덕였다.

“당신의 말은 진실 되고, 충심에서 나오는 것 같소. 이제 나는 당신을 정탐이나 원수가 아니고, 당신이 알고 싶어하는 것을 알게 하기 위해서 성령께서 이곳에 보내주신 한 구도의 영임을 알겠소.

기뻐하시오. 그리스도께서는 자기에게 나오는 사람을 결단코 물리치지 않으니까.

이 모든 일을 행하시는 위대한 분이 계시리라는 당신의 생각은 옳소. 이것은 광신이 아니오. 망상도 아니오. 감정의 흥분도 아니오. 이것은 살아계신 하나님의 진리와 사랑을 아는 지식이라오.

당신은 최고의 존재자를 알기를 원하였소. 우리의 신앙, 곧 기독교는, 그의 계시이며, 이 신앙을 통하여 그는 자신을 우리에게 알게 한다오. 그 권세와 능력이 무한하신 그분은 사랑과 자비가 무한하신 분이오. 이 믿음을 통하여 그분은 우리를 자기에게 가까이 이끄시기 때문에, 그분은 우리의 최선의 친구, 우리의 인도자, 우리의 위로, 우리의 소망, 우리의 전체, 우리의 창조자, 우리의 구속자, 그리고 현재와 세상 끝날까지의 우리의 구세주가 되시는 것이오.

　당신은 영생에 대하여 알고 싶어했는데, 우리가 믿는 성경은 이에 대하여 말하였소. 성경은 하나님의 아들 예수 그리스도를 믿고, 땅 위에서 하나님을 섬기면, 우리는 무궁하고 영원한 천국의 복락을 받는다고 하였소. 성경을 통해서 우리가 아는 것은, 사망 즉 죽음이, 지금은 비록 인간의 원수이지만, 그러나 예수 그리스도를 믿는 사람들에게는 더이상 저주가 되지 않고, 오히려 그것이 축복이라오. 왜냐하면 우리가 이 땅에 머무는 것보다 「떠나서 그리스도와 함께 있는 것이 더욱 좋기」 때문이며, 우리들은 죽은 사후에 「우리를 사랑하사 자신을 우

리에게 주신 자|의 앞에 나가게 되기 때문이오."

"그래요? 그렇다면, 그 진리를 지금 나에게 가르쳐 주시오." 마셀루스는 부르짖었다.

"온 밤을 세워가며 우리는 이야기할 수 있습니다. 미루지 마시고 지금 모든 진리를 말씀해 주시오. 참 신이 이 모든 것을 인간에게 알게 하시는데, 나는 그것을 모르고 있었단 말입니까?"

호노리우스는 입속으로 짧은 감사의 기도를 올리고 나서, 벽장 속에서 조심스럽게 한 권의 책을 꺼냈다. 그 책을 펴 놓고 그는 예수에 대하여 마셀루스에게 이야기하기 시작했다.

에덴동산에서 장차 사단의 머리를 깨뜨릴 자를 주실 것을 하나님이 약속하신 일로부터 시작하여, 오랜 세월을 두고 그 구세주의 탄생을 예언한 선지자들의 예언들과, 하나님의 계획을 선택된 사람 선민을 통해 하나님께서 친히 긴 기간 동안 보존하신 일과, 그 선택된 사람들이 목격한 사건들을 그는 이야기하였다. 하나님의 아들이 처녀의 몸을 통하여 태어 나시리라는 예언도 읽었다. 그리고 그의 탄생과, 유년시기와, 공적활

동의 출발과, 그의 행하신 기적들과, 그의 가르침을 읽었다.

호노리우스는 그 책 안의 모든 기록들을 간혹 자신의 설명을 붙여가면서 읽어 주었다.

계속하여 그는 예수가 받은 고난의 기록을 읽었다. 예수가 받은 수모와 핍박과 배반, 그리고 사형을 선고받은 경위를 아주 자세히 이야기하고, 끝으로 그는 갈보리산에서 있었던 십자가의 극한 고통의 죽음 기록을 읽었다.

이 모든 이야기는 마셀루스에게 놀라운 감동을 주었다. 그의 마음에 문득 빛이 비추이는 것 같았다. 인간의 죄를 용납하실 수 없는 하나님의 거룩하심, 심판을 요구하시는 하나님의 공의, 사랑하시는 독생자를 주신 하나님의 경탄할 사랑, 인간의 구원을 위하여 자신을 제물로 내어 주신 그의 사랑 – 이 모든 신비들이 홀연히 그의 앞에 밝히 전개되었다.

갈보리의 참담한 기록이 끝나갈 무렵에 이르러 예수께서 "나의 하나님이여 나의 하나님이여, 어찌 하여 나를 버리시나이까?" 하는 부르짖음에 뒤이어 "다 이루었다"는 승리의 선포를 하는 대목을 읽고 있던 호노리우스는 마셀루스의 흐느껴 우는 울음소리를 듣고 말을 멈추었다.

"그만, 이제 그만 읽으십시오."

마셀루스는 두 손에 얼굴을 묻고 중얼거렸다.

"우리를 사랑하셔서 십자가에서 고통 받으시며 흘리신 피로 우리의 죄를 씻어 용서해주신 그분을 좀 생각하렵니다."

한참 동안 마셀루스는 움직이지 않았다.

이윽고 그는 얼굴을 들고 말했다.

"그 거룩하신 분을 죽게 한 죄를 나도 같이 범한 것 같습니다. 그 생명의 말씀을 계속하여 읽어 주십시오. 내 생명은 거기에 달렸습니다."

호노리우스는 이어서 예수를 장사한 일과, 그가 사흘 만에 다시 살아나셔서, 하나님의 우편에 앉으시기 위하여 하늘로 올라가신 기록들을 읽었다. 또 그는 계속하여 오순절 날에 성령이 내려오셔서 모든 신자들을 그리스도 안에서 한 몸으로 세우는 세례를 베푼 일과 주님께서 성도들의 마음을 성전으로

삼으시고 항상 그들 안에 함께하시며, 회개한 죄인들의 심령을 통하여 자기의 영광을 끝날까지 선포하고 계시는 그리스도의 기이한 역사에 대하여 읽었다.

마셀루스는 부르짖었다.

"이것은 분명 하나님의 말씀이요!

이것은 하늘에서 들려오는 음성입니다. 내가 들은 모든 사실이 내게는 다 옳다고 인정됩니다. 그것은 영원한 진리임에 틀림이 없습니다! 그러나 이 구원을 내가 어떻게 소유할 수 있습니까? 이제 나는 내 자신을 알았습니다. 나는 지금까지 내가 옳고 의로운 인간인 줄 알고 있었습니다. 내가 구원을 얻으려면 어떻게 해야 합니까?"

"예수 그리스도는 죄인을 구원하기 위하여 세상에 오셨다오."

"그래요? 그럼, 어떻게 예수 그리스도를 내가 받아들일 수 있습니까?"

"하나님의 말씀에 이렇게 기록되어 있다오.

말씀이 네게 가까와 네 입에 있으며 네 마음에 있다 하였으니, 곧 우리가 전파하는 믿음의 말씀이라. 네가 만일 네 입으로 예수를 주로 시인하며, 또 하나님께서 그를 죽은 자 가운데서 살리신 것을 네 마음에 믿으면 구원을 얻으리니, 사람이 마음으로 믿어 의에 이르고, 입으로 시인하여 구원에 이르느니라 로마서 10:8~9.

당신은 예수 그리스도가 내 죄를 용서하기 위해 십자가에서 돌아가셨다는 사실을 마음으로 믿기만 하면 되오."

"그렇지만 제가 무엇을 해야 할 것 아닙니까?"

"하나님의 말씀에 이렇게 기록되어 있다오.

너희가 그 은혜를 인하여 믿음으로 말미암아 구원을 얻었

나니, 이것이 너희에게서 난 것이 아니요, 하나님의 선물이라. 행위에서 난 것이 아니니, 이는 누구든지 자랑하지 못하게 하려 함이니라 에베소서 2:8~9.

죄의 삯은 사망이요, 하나님의 은사(선물)는 그리스도 예수 우리 주 안에 있는 영생이니라 로마서 6:23.

"그러나 내가 드려야 할 제물이 있어야 되지 않을까요?"

"그분이 우리 죄를 위하여 자기 몸으로 단번에 영원한 제물을 드리고 지금은 하나님의 우편에 계시오 히브리서 10:12

그러므로 예수 그리스도는 자기를 의지하여 하나님께 나아가는 사람들을 온전히 구원하실 수 있으니 그 이유는, 예수 그리스도께서 항상 살아서 우리를 위하여 간구하기 때문이오 히브리서 7:25"

"그래요? 그렇다면, 내가 지금 감히 그분에게 나갈 수 있다면, 지금 나를 그분에게 인도해 주십시오!"

그물거리는 불빛만 있을뿐 인기척 하나 없이 고요하고 엄숙한 심야의 토굴 속에서, 호노리우스는 무릎을 꿇었다. 마셀루스는 곁에서 고개를 숙였다. 위엄 있는 늙은 성도의 기도 소리는 점점 열기가 더해졌다. 동시에 갓난 새 생명의 믿음은 떨리듯이 주저하면서 위를 향해 얼굴을 들었다. 그 영혼은 점점 힘을 얻어, 호노리우스의 기도가 끝났을 때 마침내 그는 입을 열어 가슴에서 우러나오는 한 마디를 말했다.

"주여, 내가 믿나이다. 나의 불신을 용서하시고, 나의 믿음을 받아주소서!"

몇 시간이 더 지났다. 그러나 한 영혼이 사망에서 나와 생명으로 옮겨진 과정을 그대로 묘사할 사람이 누가 있으랴. 다만, 땅 위의 날이 밝아올 무렵 땅 속의 토굴에 있는 마셀루스의 영혼에도 영화로운 새 날이 찾아온 것을 아는 것만으로 호노리우스는 충분했다.

마셀루스의 영혼의 갈증은 완전히 채워졌다. 죄의 짐은 떨어지고, 예수 그리스도를 통하여 하나님이 주시는 평안이 그의 마음을 채웠다.

이제 믿게된 마셀루스는 그리스도인들에 대하여 더욱 많은 사실들을 배웠다. 그는 잠시 눈을 붙였다가 일어나서 호노리우스의 안내로 그들이 살고 있는 지하굴의 형편을 돌아보았다.

어제 저녁 예배에 참석했던 사람들은 이 카타콤에 사는 사람들의 전체수에 비하면 극히 적은 일부분이었다. 그들의 수는 수천 명이었다. 그러나 그처럼 많은 수의 사람들 가운데 이 카타콤의 생활을 자진해서 택할만큼 건강을 구비한 사람은 불과 몇 사람 없음을 마셀루스는 첫 눈에 알 수 있었다.

두 사람은 이리 저리 살피고 다니면서 쉬임 없이 이야기를 주고받았다. 마셀루스는 시시각각으로 더 많은 하나님의 진리와 그분의 자녀들의 신령한 경험에 대하여 배웠다. 그들의 사랑과, 성결과, 견인과, 그들의 믿음의 증거들은 마셀루스의 마음에 깊은 감명을 주었다.

그 감명은 일시적인 것이 아니었다. 듣고 보는 사물 하나하나가 그로 하여금 이들 하나님의 자녀들과 같은 믿음을 가지고 그들과 운명을 같이 하고자 하는 욕망을 굳게 했다.

그 욕망은 결실하여, 마셀루스는 마침내 성부와 성자와 성령의 이름으로, "그리스도의 죽음에 동참하는" 세례를 받았다.

주일 날 아침에 그는 다른 그리스도인들과 함께 성만찬식을 위해 준비한 떡과 포도주가 놓여진 상 앞에 앉았다. 거기서 그들은 그리스도인들이 주님의 재림의 날까지 예수의 죽음을 기념하여 행하는 소박하고도 감명 깊은 예식을 행했다. 호노리우스가 이 성찬을 주신데 대한 감사의 기도를 하였다. 그리고 마셀루스는 일생에 처음으로, 갈보리산 십자가 위에서 못 박혀 죽으신 그의 주님의 거룩한 살과 피를 상징하는 떡과 포도주를 받았다.

이에 그들이 찬미하고 감람산으로 나아가니라 마태복음 26:30

- 예수님께서 '나'를 위해 돌아가심은 당신에게 어떤 의미를 주는가?

6장

신앙의 고백

그의 결심은 이미 흔들리지 않는 자리에 서 있었다.
그는 잠시 죄악의 낙을 누리는 것보다 도리어
하나님의 자녀와 함께 고난 받기를 선택했다
히브리서 11:25

청년 장교 마셀루스는 4일만에 그의 부대로 돌아왔다. 그의 결심은 이미 흔들리지 않는 자리에 서 있었다. 그는 잠시 죄악의 낙을 누리는 것보다 도리어 하나님의 자녀와 함께 고난 받기를 선택했다 히브리서 11:25.

그는 부대에 돌아온 길로 사령관에게 나아가서 복명하였다. 그는 자기가 그리스도인들과 함께 수일 동안 기거한 일과, 자기의 임무를 집행하지 못한 것과, 그 책임을 지겠다는 것을 보고했다. 사령관은 준엄한 말투로 그에게 물러가 기다리라고 말했다.

그가 자기 방에 돌아와서 깊은 명상에 잠겼을 때, 문이 열리면서 루쿨루스가 들어왔다.

"지금 막 사령관을 만나고 오는 길인데, 자네에게 전하라는 말을 가지고 왔네. 그런데 그보다 앞서 도대체 이게 웬일인가? 자네 어쩌려고 이런 일을 했나?"

마셀루스는 그가 부대를 떠난 후 지금까지 있었던 일을 하나 숨김없이 다 이야기하였다. 그리고 사령관을 만나 본 결과를 말했다.

"사령관은 기뻐하며 나를 맞았네. 아마 내가 요긴한 정보를 가져온 줄 알았겠지. 나는 그 동안 내가 그리스도인들과 함께 있었으며, 거기서 내가 본 바를 통해서 지금까지 그들에 대하여 가졌던 나의 견해를 바꾸지 않을 수 없게 된 이유를 이야기했네. 나는 지금까지 그들이 국가의 적이요, 극형에 처하는 것이 당연한 무리인 줄 알아왔으나, 그들은 오히려 황제에게 충성스러운 국민이요, 유덕한 사람들임을 알았다는 것과, 이런 사람들을 향해서 나는 칼을 뺄 수 없었고 차라리 모든 것을 단념하였노라고 진술했지.

그랬더니 사령관의 말이 '군인은 감정과 의무를 혼동할 수 없다'고 하더군.

　나는 '그러나 나를 지으신 하나님께 대한 내 의무는 인간이 내게 맡긴 어떤 의무보다도 크다'고 대답하였네.

　그랬더니 사령관이 '그리스도인들에게 대한 동정심이 너를 미치게 만들었나? 이 일이 반역임을 모르고 있는가?'라고 하더군. 나는 경례를 하고, 그 책벌을 각오하였노라고 말했지.

　사령관은 '건방진 놈! 네 처분을 곧 통지할 테니 물러가 기다려' 라고 했네. 그래서 여기서 지금까지 소식이 오기만 기다리고 있는걸세."

　루쿨루스는 시종 일관 아무 말 없이 마셀루스의 말에 귀를 기울이고 있었다. 마셀루스의 말이 끝나자 그는 침통한 어조로 입을 열었다.

목숨 걸고 믿음을 지킨 사람들

"자네에게 대한 책벌이 어떤 것일른지는 자네도 잘 알겠지. 로마의 법령은 평상시에도 준엄한데 요사이는 전에 없이 격렬히 그리스도인 단속에 정부가 열을 내고 있는 때가 아닌가.

마셀루스, 나는 자네의 순수하고 진실한 성품을 알고 있네. 자네는 언제나 경건한 심성을 가지고 있지. 자네는 그 고상한 철학의 교훈들을 숭상했지? 그런데 왜 이제와서는 그것으로 만족할 수 없단 말인가? 무슨 이유로 그래 일개 십자가에 달려 죽은 유대인의 교리에 매혹되는가 말일세?"

"나는 자네가 말하는 철학에서는 만족을 얻지 못하였다네. 기독교는 하나님이 친히 계시하시고, 그분의 죽음으로 증명하고 구별하신 하나님의 진리야."

"자네는 이미 기독교의 교리를 충분히 나에게 설명했네. 자네의 열심 있는 말을 통해서 들으니, 나도 조금은 매력을 느끼게 되는 것은 사실일세. 그리고 그 교를 믿는 모든 사람들이 자네 같기만 한다면, 아마 그것이 세상에 복을 가져 올지도 모르지. 그러나 나는 종교를 논하려고 여기 온 것이 아니야.

자네는 이제 철학과 기독교의 둘 중에 하나를 택할 것이 아니라, 기독교인이 될 것인가, 아니면 군복을 벗을 것인가, 둘 중 한 길을 택해야 하네. 자네가 알다시피, 지금 형편으로는 자네가 군인 노릇과 기독교인 노릇을 동시에 할 수는 없어. 도리어 자네가 군인 노릇을 계속하려면 기독교와 싸워야만 해.

나는 자네의 열정적인 성격을 알기 때문에 사령관에게 잘 말씀을 드렸네. 사령관도 역시 자네의 장래를 촉망하고 있는 터이라, 일정한 조건으로 자네를 용서하겠다고 하더군."

"그 조건이 뭔가!"

"가장 관대한 조건일세.

첫째, 과거 사일간은 무(無)로 돌려라.

둘째, 그것을 자네의 기억에서 지워버려라.

셋째, 자네의 임무를 계속 수행하라.

넷째, 즉시 군사들을 이끌고 가서 그 그리스도인들을 체포해 오라는 것일세."

마셀루스는 자리에서 일어나 팔장을 끼고 루쿨루스를 향해 정면으로 섰다.

"루쿨루스, 나는 자네를 내 친구로서 사랑하네. 자네의 성

실한 호의를 나는 감사하는 바일세. 그러나 나는 지금 자네는 알지 못하는 것을 내 마음 속에 가졌는데, 그것은 이 나라의 모든 영예보다 더 큰 것일세. 그것은 하나님의 사랑이야. 이것을 위해서는 나는 모든 것을 - 명예와 지위와 내 생명까지도 버릴 용의가 있다네. 내 결심은 돌이킬 수 없어. 나는 그리스도인이야."

잠시 동안 루쿨루스는 비통하고 아연한 기색으로 친구의 얼굴을 쳐다보며 앉아 있었다. 이윽고 그는 입을 열어, 그가 생각할 수 있는 모든 이유를 다하여 친구를 설득시키려고 했다. 그러나 그의 노력은 다 허사였다. 마지막으로 그는 말했다.

"마셀루스, 자네는 자네의 운명을 재촉하고 있어. 나는 자네를 어리석은 길에서 돌이키기 위해 친구로서의 최선을 다했

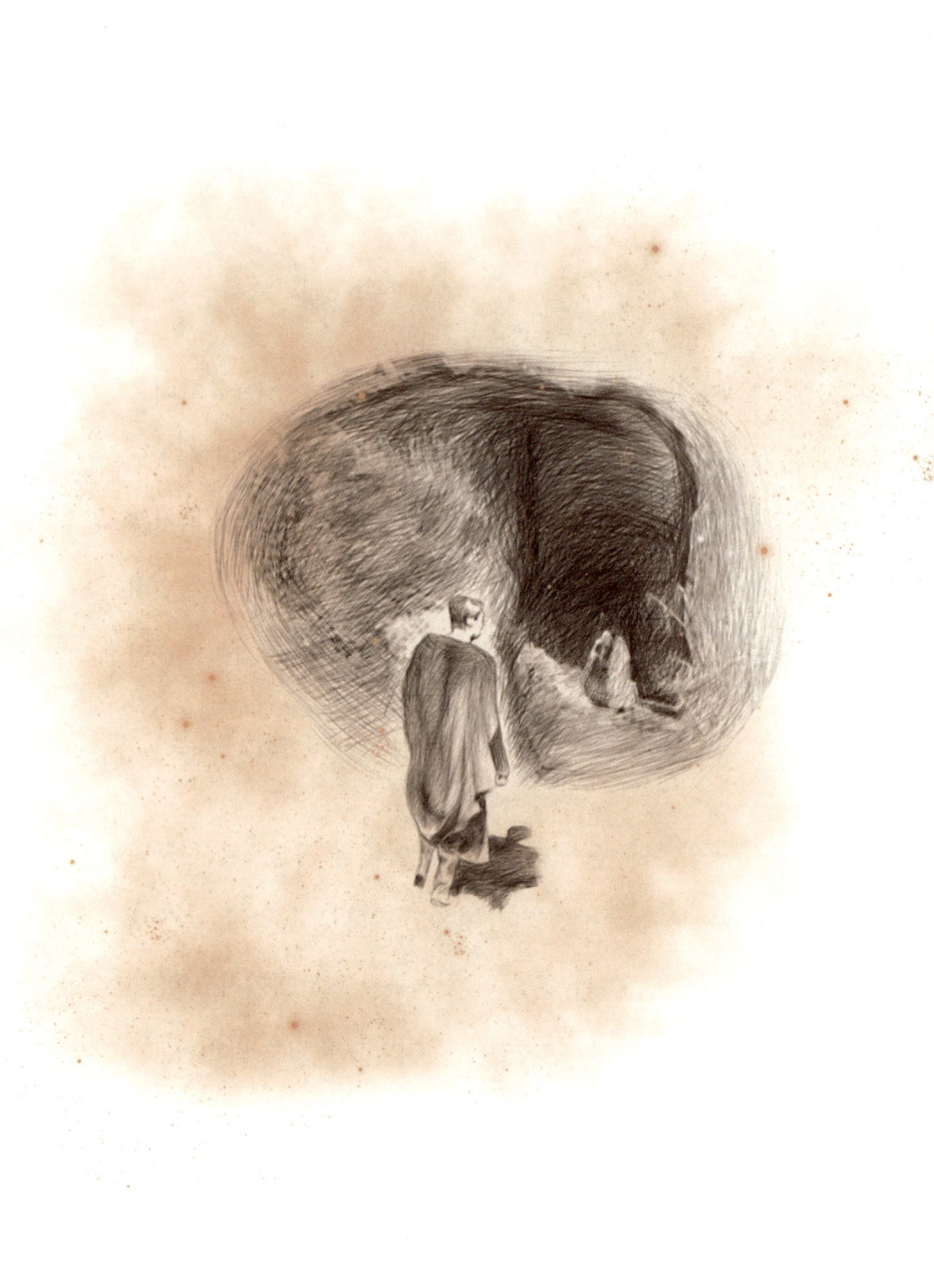

네. 그렇지만 내 노력은 허사로구만.

사령관의 처벌 명령은 이렇네. 자네가 이 조건을 안 받아들이면 자네를 파면하고 그리스도인이라는 죄명으로 체포하라는 것이네. 그러나 아직 시간은 있어. 나는 계속해서 자네의 도피를 도와주는 이 울적한 일을 하려 하네."

마셀루스는 말없이 듣고 있었다. 이윽고 그는 천천히 그의 화려한 군복을 벗어 놓고 속옷만을 입은 채 친구 앞에 다가섰다.

"루쿨루스, 자네의 진정한 우정을 나는 잊을 수 없네. 같이 지낼 수 있으면 좋으려만. 그러나 그럴 순 없고 나는 가겠네. 잘 있게."

"잘 가게, 마셀루스. 언제든지 어려운 일이 있거든 잊지 말고 나를 찾아 주게."

두 젊은이는 포옹을 하고 난 다음, 마셀루스는 급히 밖으로 나가 버렸다.

- 당신은 예수 그리스도를 위해 얼마나 큰 희생을 감수하였는가?

7장

카타콤의 생활

사망이 주는 공포가 그들 앞에서는 힘을 잃었으며,
사망의 음침한 골짜기에서의 무서운 생활도
그들을 두렵게 하지 못하였다.

카타콤의 생활

마셀루스가 카타콤에 돌아오자 그를 보는 사람들은 눈물과 환희의 탄성으로 그를 맞이하였다. 그가 그의 상관을 만난 이야기와 거기서 주고받은 말을 그들은 열심히 들었다. 그리고 그들은 마셀루스의 고충을 깊이 이해하면서, 그가 그리스도를 위한 고난에 동참하는 은총을 받게 된 것을 기뻐하였다.

새로운 삶의 터전에 들어온 마셀루스는 기이한 처소의 각양 신기한 상황들과, 거기에서 함께 삶을 영위해 나갈 그리스도인들의 수난의 모습들을 더 많이 보고 듣게 되었다. 그리스도인들 가운데는 친척이나 친구들을 그 지하 묘에 묻지 않은 사람은 하나도 없었다.

이 카타콤은 하늘 아래서 그들에게 남겨져 있는 유일한 피난처였다. 그들은 바다를 건너 먼 이역에 안주할 땅을 구할 길도 막혀 있었다. 당시 로마 제국의 권세는 모든 문명된 세계를 강한 손아귀에 장악하고 있었으며, 물샐틈 없는 그들의 경찰력이 미치지 않는 땅이라고는 없었기 때문이다. 어느 한 사람도 그 추적의 손에서 벗어날 수 없었다.

로마제국의 힘은 불가항력적으로 보였다. 위로는 최상위권 신분의 귀족들로부터, 밑으로는 최하위권 노예 하나에 이르기까지 모든 백성들은 그 권력 앞에 굴복하고 있었다. 네로 황제 자신도 일단 실각을 한 후에는 겨우 교외에 있는 별장까지 도망하여 거기서 자결하는 수밖에 없을 정도였다.

그러나 이곳, 카타콤의 광대한 미로 속까지는 로마 제국의 권력도 미치지를 못하였다. 첩자들은 카타콤의 입구까지 왔다가 더 들어오지 못하고 돌아서곤 했다.

그래서 박해를 받는 그리스도인들은 이 토굴 밑으로 모여들게 되었고, 거기서 그들은 긴 세월을 지나게 되었다. 그들은 낮에는 격려와 위로의 말을 나누기도 하고, 혹은 새로 죽은 순교자의 죽음을 기억하기 위하여 한 자리에 모였으며, 밤이 되면 그들 중에서 용맹한 사람을 선택하여, 살아서 돌아올 기약 없는 길이지만, 윗 세상인 성내 소식을 탐지하기 위해서나, 혹은 피 묻은 새 희생자의 시체를 가져오기 위하여 굴 밖으로 내어 보내었다.

여러 차례에 걸친 박해의 파도가 온 땅을 휩쓴 결과 수백만의 생명이 희생되었지만, 이 카타콤은 안전하였고, 따라서 로마에 있어서의 기독교의 세력은 극히 적은 타격 밖에는 받지 않은 셈이 되었다.

그들의 안전은 일시 보장되었고 그들의 생명은 당분간은 연장할 수 있었지만 언제까지 그 상황이 계속될지는 아무도 알 수 없었다.

옛 공화국 시대 백성들의 소박한 미덕들은 로마의 땅에서 자취를 감추었고, 자유는 영원히 돌아오지 않을 길을 떠났다. 제국 전체에 퍼져있는 부패는 모든 것을 완전히 마비시키고 말았다.

음모, 반역, 민란들이 곳곳에서 일어나서 국정은 항시 소란했으며, 타락한 고위공직자들은 이제는 그런 소문에는 아무런 관심조차 가지지 않게 되었다.

나라의 충신, 열사들이 무고한 박대를 받고 존경받는 사람이 개죽음 당하는 것을 날마다 보면서도, 그들은 아무 기색도 하지 않았다. 조상들이 가졌던 너그러운 민족성과 불타는 로마인의 넋은 그들에게서 다시 일어나지 않을 것만 같았다. 오직 가장 비열한 탐심들만이 그들의 썩은 감정을 자극할 뿐이었다.

이와 같은 형편에 놓인 땅에 그리스도의 진리는 용감하게 길을 헤치고 들어왔다. 그리고 많은 장애들을 물리치면서 비록 조금씩이지만, 굳건한 전진을 계속하고 있었다. 따라서 이 진리의 깃발 밑에 몸을 의탁한 사람들의 앞에는 환난은 피할 수 없는 운명이었다. 진리를 좇는 사람의 수가 많아지면 많아지는 만큼 악의 권세도 또한 증가하였다.

로마인들의 마음은 강팍해졌고, 그들의 눈은 멀어졌다. 어린 아이의 순수함도, 부녀의 순결도, 장년의 고상한 품격도, 노인의 존엄도, 요지부동하는 신앙도, 사망을 이겨내는 사랑도, 그 무엇도 그들을 감동시키거나 그들의 굳은 마음을 일깨우지 못했다.

상황이 이렇다 보니, 지하굴에 갇힌 사람들이 지상에 나와 밝게 빛나는 해를 볼 날은 아득하였다. 그러므로 폭력이 판치는 처지에서 갈 곳이 없는 그들에게 카타콤은 오히려 하나의 피난처를 제공하고 있었다.

그 동굴 속에 영원히 드리워 있는 찬 기운은, 그들에게 사시 사철 가시지 않는 냉기를 주었지만, 신선한 공기로 바뀌어 땅 위를 향해 보내지는 못했다.

항상 떠나지 않는 습기로 인해 악취나는 이끼가 동굴안의 밑바닥과 벽과 천정에 두껍게 붙어 있었다. 공기 속에는 불결한 독기가 늘 떠돌았다. 그러나 인내력과 충성과 성실 등 믿음이 주는 높은 덕목들을 건장한 남자들뿐만 아니라 나약한 여인들과 심지어 어린 유아들까지도 다 가지고 있었기에, 이 모든 어두움은 그들의 심령 속에 켜있는 진리의 등불로 자리잡아 "항상 낮에 속한 빛의 자녀"의 걸음을 그 속에서도 걷고 있었다.

가혹한 핍박 앞에도 굴복하지 않고 그들은 씩씩하게 전진하고 있었다. 선하고, 심령이 깨끗하고, 담대하고 고상한 사람들이었다. 사망이 주는 공포가 그들 앞에서는 힘을 잃었으며, 사망의 음침한 골짜기에서의 무서운 생활도 그들을 두렵게 하지 못하였다.

그 지하굴의 음산한 색채를 아름답게 하려는 그들의 노력은 여러곳에 나타나 있었다. 벽돌 군데군데를 흰 양회로 바른 곳들이 있고, 다시 그 위에 그림들을 그려서 우아한 멋을 돋우었는데, 그 그림들은 바깥 세상에서 흔히 보는 속되고 추한 우상들의 모양을 그린 것은 하나도 없었다.

오직 믿음으로 나라들을 이기기도 하며, 의를 행하기도 하며, 약속을 받기도 하며, 사자들의 입을 막기도 하며, 불의 세력을 멸하기도 하며, 칼날을 피하기도 하며, 연약한 가운데서 강하게 되기도 하며, 전쟁에 용감하게 되어 이방 사람들의 진을 물리치기도하며 _{히브리서 11:33~34}

옛 믿음의 영웅들의 초상과 행적들을 표현하는 것들 뿐이었다.

그들이 갖추고 있는 가구라고는 오직 십자가에 달리셨던 그들의 주님의 찢긴 살과 흘린 피를 상징하는 떡과 포도주를 놓아두는 단조한 나무 상 하나뿐이었다.

그들은 이미 오랜 기간 세상의 부패와 더불어 투쟁을 계속해오다 카타콤에 들어왔다. 그러므로 설사 그들이 세상의 흔적들을 한두 가지 지니고 이 땅 밑의 피난처까지 들어왔다손 치더라도, 우리는 그것을 조금도 나무랄 수 없었다. 그러나 이 카타콤에서는 그런 세상의 흔적은 찾아볼 수 없었다.

그들이 사람을 대하는 사랑은 종족과 출신과 계급의 차별을 두지 않았다. 그들의 사랑은, 망설임 없이 형제를 위하여 생명을 버릴 만큼이었다. 성령을 통하여 그들의 심령마다 물붓

듯 부은 바 된 하나님의 사랑은, 생명 자체를 하찮게 생각하게 하였다.

이 사랑이 그들에게 오직 진리와 성실을 좇아서만 움직이게 하였다. 그것은 위선에 대한 해독제였다. 용감한 사람들에게는 비교할 수 없는 담대성을 주었다. 나약한 자들에게는 충성심을 복돋아 주었다.

그들이 그리스도인이 된다는 것은 곧 생명과 바꾼다는 것을 의미했다. 몇 마디의 말만으로, 간단한 행동 하나로 쉽게 생명을 구할 수 있었으나, 그러나 그들은 결코 비굴하게 살지 않았다. 그들의 손은 우상에게 술잔을 바치기를 완강하게 거절하였다. 그들의 믿음 생활은 한낱 머리로 이해하려는 지적인 교리와는 너무도 거리가 먼 엄숙한 실재였다.

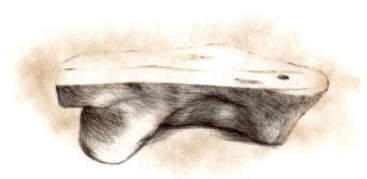

마셀루스의 그리스도인이 되는 과정은 신속하였다.

일단 영안이 뜨여져 "의의 태양의" 빛을 본 그는, 그 눈을 다시 감을 수가 없었다. 거듭남의 과정은 거룩하고 철저하였으며, 그 결과 그는 핍박 받는 사람들의 고난에 함께 참여하는 길을 기꺼이 선택했다.

새로 맺은 형제들과 함께 기거하고 교제하고 예배하는 생활을 몇 날 하지 않아서 카타콤의 사람들의 모든 소망과 공포와 기쁨은 곧 마셀루스의 것이 되었다. 생명의 복된 말씀은 탐구할수록 그에게 더 큰 기쁨을 주었고, 그 모든 교훈은 빠르게 그를 그리스도의 불타오르는 제자의 하나로 만들었다.

찬송과 기도를 하는 모임들이 카타콤 안에서는 도처에서 빈번히 모였다. 세상의 일들을 거의 전부 떠나버린 그들은, 모든 시간을 바쳐서, 전혀 세상것과는 다른, 높은 곳에 것을 추구하기에 전념하였다.

마셀루스의 눈에 비친 이 음산한 지하묘소 카타콤은 말없는 시체들의 잠자는 곳만이 아니었다. 너무나 많은 생동감 넘치는 생명들이 가득차 있는 곳이었다. 그들은 이 흑암 속에서 창백하고, 초췌하고, 눌려 있었지만 저 윗 세상에서 얻을 수 있는 것 이상의 것을 그리고 윗 세상에서는 얻을 수 없는 것을 얻고 있었다.

여기서는 비탄의 눈물에 순교자의 피가 섞였으며, 헝겊으로 감싸진 여윈 시체의 죽음에도 애정이 얽혀 있었다. 슬픔을 이기고 일어나는 영웅적인 영혼들이 많았으며 항상 웃으면서 날이 새어 샛별이 떠오를 때 베드로후서 1:19 를 소망과 믿음으로 가르치고 있었다. 신음하는 사람의 입술에서도 찬양의 소리가 새어 나오고 있었다.

• 당신이 로마박해 시대의 교인이라면, 기꺼이 카타콤에 살면서 저항할 수 있겠는가?

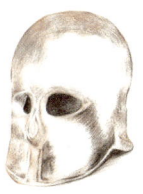

8장

박해

"우리의 구주는 우리를 위해 죽으셨습니다.
우리도 그분을 위해 언제든지 때가 되면
죽을 수 있습니다."

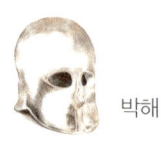 박해

박해의 불길은 더욱 높아갔다. 지금까지는 대체로 당
국자들은 이름난 가문의 출신인 신자들에 대하여는 그래도 관
대한 태도를 취해 왔었다. 카타콤에 피신을 한 신자들은 대부
분 이 부류에 속한 사람들이었다. 그러나 이제는 그런 계급이
나 거처의 차별을 두지 않게 되었다.

신분상 이제까지는 바깥 거리와의 의사소통은 비교적 쉬
운 셈이었다. 시내에 숨어 살고 있는 가난한 신자들이 어려운
중에도 땅 밑에 들어간 교우들을 잊지 않고, 직접 간접으로 그
들의 필요를 채워 주었기 때문이었다. 그런데 이제 와서는 하
류 계급의 신자들까지도 모조리 적발되어 축출 당하거나 처형
을 받게 되었다.

그러나 아직도 소망의 줄이 완전히 끊어지지는 않았다.

로마시내 곳곳에 비록 그들 자신이 신자는 아니지만, 곤경에 빠진 신자들을 사랑하고 그들을 돕는 사람들이 있었다.

큰 운동이 일어날 때마다 거기에는 대개 중립(中立)의 자리에 서는 큰 집단이 끼어있는 법이다. 그들은 이해관계 때문에 혹은 무관심때문에 어느 쪽에도 가담하지를 않는다. 가담해야 한다면 불가불 그들은 강한 편에 가담하며 그나마 조그만 위험이라도 닥쳐올 때는 어떤 양보라도 사양치 않고 물러나 버리는 사람들이다.

로마시민 중에는 이런 부류의 사람들이 많았다. 그들이 사랑하는 친척이나 친구들이 그리스도인이 되어 곤경에 있는 것을 동정하고 있었다. 그들은 언제든지 신자들을 도울 마음이 있었다. 그러나 그들과 함께 운명을 같이 하기보다는 자신들의 안전을 먼저 생각하는 사람들이었다.

좌우간 시내 거리에 나가는 것은 전보다 훨씬 더 큰 위험이

따르게 되었다. 그러나 그들은 매우 위급하고 어려운 때는 물론, 죽음까지도 별로 두려워하지 않는 믿음이 있기에 시내에 나가서 양식을 받아 지하 동굴로 운반해오는 무서운 임무를 감당할 사람은 여럿 있었다.

마셀루스도 이 임무에 몸을 바쳤다. 매일 밖에 나가는 사람들 중의 태반은 희생이 되었다. 그들의 시체는 그리스도인들이 찾아다가 장사하였다. 시체들을 처분하기에 진저리 난 당국자들은 그 일을 다행으로 여겼기 때문에, 그 일만은 그리 어려운 일이 아니었다.

며칠 후 마셀루스는 양식을 얻어 오기 위해 밖에 나왔다. 그가 찾아간 집 주인은 전부터 그들에게 호의를 베풀며, 많은 도움을 주어 오던 사람이었다.

양식 얼마를 받아서 꾸려 놓은 다음 마셀루스는 주인에게 성내 근황을 물었다.

주인은 좋지 않은 소식을 하나 전해 주었다.

"당신들에게 좋지 않은 소식이요마는…

얼마 전에 시위대의 장교 한 사람이 그리스도교로 개종을 했다네요. 그래서 황제님께서는 크게 화를 내면서 곧 다른 장교를 그 자리에 임명했답니다."

"아아, 그래요? 그 새로 임명된 장교의 이름을 아십니까?"

"루쿨루스라고 합디다."

"루쿨루스?!"

마셀루스는 큰 소리를 내었다.

"예, 참 세월이 험악합니다. 많이 조심하셔야 할 겁니다."

"예, 그러나 저 사람들은 우리를 한 번 밖에는 못 죽입니다."

마셀루스의 대답에 주인은 탄복한 어조로 말했다.

"정말, 당신들은 참 놀라운 인내심을 가졌오. 나는 당신들의 용기를 늘 칭찬합니다. 그러나 내 생각에는 당신들이 좀 지혜롭게 하면 좋겠소. 표면상으로는 황제님의 명령에 복종하는 척하는 것이 좋을 것 같은데, 그렇게 고지식하게 생명을 버리려고 할 것이 무에란 말이요!"

"우리의 구주는 우리를 위해 죽으셨습니다. 우리도 그분을 위해 언제든지 때가 되면 죽을 수 있습니다."

마셀루스는 주인에게 인사를 하고 짐을 등에 지고 길에 나섰다. 머릿속에는 지금 주인에게서 들은 소식이 맴돌았다.

"루쿨루스가 내 자리에 보임되었구나. 이제 그는 나를 어떻게 대할까? 지금도 나를 친구 마셀루스라 할른지, 그렇잖으면 하나의 그리스도인으로 볼까?.……. 머지않아 알게 되겠지. 내가 그의 손에 잡힐수도 있겠지. 참 기구한 노릇이군.

그러나 그것은 군인으로서의 그의 임무니까 내가 나무랄 수는 없지. 그는 마음속으로는 나를 사랑하고 동정할 수도 있겠지만, 자기 책임을 다하지 않으면 안되겠지."

이런 생각들을 하면서 그는 압피아 도로를 걷고 있었다. 깊은 생각에 잠겨서 걸어오던 그는 어느 길모퉁이에 한 떼의 군인들이 모여 서있는 바로 앞에 다다를 때까지 자신을 잊고 있었다. 그때였다.

"여보쇼!"

무뚝뚝하고 강한 소리가 마셀루스의 귓전을 울렸다.

마셀루스는 순간 놀라며 당황해서 멈칫했다.

"그렇게 덤빌 건 없어! 당신 이름이 뭐야? 어딜가? 이름이 뭐냐구?"

"이놈!"

마셀루스는 호령을 했다.

"비켜라! 나를 모르겠는가? 나는 시위대의 장교다."

무서운 한 마디를 듣자 급히 물러나는 군인들 사이를 지나서 마셀루스는 걸음을 옮겼다. 그러나 미처 다섯 발을 못 옮겼을 때 뒤에서 누군가 소리를 질렀다.

"저놈 잡아라! 저놈은 그리스도인 마셀루스다!"

무리가 온통 소리를 지르며 달려왔다. 마셀루스는 지체할 때가 아니었다. 짐을 던져버리고 샛길로 빠져 디벨 강쪽으로 달렸다. 군인들은 떼를 지어 쫓아왔다. 그러나 마셀루스는 이런 때에 필요한 모든 훈련을 마친 사람이다. 디벨 강둑에 도착한 마셀루스는 강으로 뛰어들어서 헤엄을 쳐 건너편 기슭로 올라갔다.

추격자들도 강변까지 왔으나, 그 이상은 한 사람도 그를 좇지 못했다.

- 당신은 다른 그리스도인이 핍박 받는다는 소식을 들을 때 어떤 마음이 드는가?

9장
체 포

"잡혔습니다. 옥에 갇혔습니다."
그 말이 떨어지자 찢는 듯한 비명 소리가
온 방안에 울려 퍼졌다.

체포

예배실에는 호노리우스 장로와 그 밖에 두 세 사람, 그리고 가에실리아 부인이 앉아 있었다.

갑자기 밖에서 빠른 발 소리가 들리더니 마셀루스가 실내로 들어왔다. 방안에 있던 사람들은 하나 같이 기쁜 탄성을 지르며 일어났다.

"폴리오는 어디 있소?"

가에실리아 부인이 급하게 물었다.

"못 보았습니다."

"못 보았다구요?"

마셀루스의 대답을 들은 부인은 넋을 잃고 의자에 주저앉았다.

"왜 그러십니까?"

"여섯 시간 전에 돌아왔어야 할텐데 소식이 없어요. 걱정스러워서 견딜 수가 없습니다."

곁에서 호노리우스가 입을 열었다.

"마셀루스 형제는 왜 이렇게 늦었소? 크게 염려했소이다."

"예, 알바가 근처에서 검문을 당했습니다. 그래서 짐을 버리고 강에 뛰어들어 헤엄을 쳐서 건너 왔습니다."

"큰일날 뻔했소. 형제의 목에는 상금이 걸려 있다오."

"장로님도 그 소문을 들으셨군요."

그때 밖에서 왁자지껄한 소음이 들려왔다.

순간 실내의 사람들이 모두 일어났다.

"군인들이다!"

그들은 일제히 소리질렀다.

그러나 그것은 로마 군인들이 아니었다. 신자 한 사람이 바깥의 소식을 가지고 돌아온 것이었다.

얼굴이 파랗게 질리고 몸을 떨면서 사람들에 싸여 예배실

에 들어온 그 사람은 펄썩 땅바닥에 주저앉더니 숨을 허덕이
면서 손을 쥐어 틀었다.

"이를 어쩌죠? 이를 어쩌죠?"

미처 말을 잇지 못하는 그를 보자 가애실리라 부인의 얼굴
에 핏기가 싹 가시었다.

"말하시오! 말하시오! 어찌 되었소?"

호노리우스가 부르짖었다.

"폴리오가!…"

그 사람은 여전히 허덕이기만 하였다.

"어찌 되었오?"

마셀루스가 엄한 투로 물었다.

"잡혔습니다. 옥에 갇혔습니다."

그 말이 떨어지자 찢는 듯한 비명 소리가 온 방안에 울려
퍼졌다. 가에실리아 부인의 비명이었다. 곁에 있던 사람들이
재빨리 부인을 부축했다.

그동안 소식을 가지고 온 사람은 숨을 돌리고 일어난 일을

이야기했다.

"폴리오는 당신과 같이 있었소?"

마셀루스가 물었다.

"아니요. 그는 혼자 걷고 있었어요."

"무슨 일로 나갔었소?"

"소식을 알아 본다고 나갔었습니다. 나는 길 이편 쪽을 좀
떨어져서 걷고 있었는데, 갑자기 놀래서 보니 폴리오가 붙들
려서 심문을 받고 있었어요. 무엇을 묻는지 알 수 없었지만, 보
니까 군병들은 인상이 험해 있었고 끝내 폴리오를 묶었습니
다. 나는 어쩔 수가 없었어요. 멀찌감치 떨어져 지켜 보고 있노
라니까 약 반 시간 후에 시위대 군인들이 오더니, 폴리오를…
데리고 갔어요."

"시위대 군인들이?"

마셀루스는 반문했다.

"그 대장이 누군지 아십니까?"

"예, 루쿨루스였습니다."

"루쿨루스"

마셀루스는 입을 다물고 깊은 생각에 잠겼다.

- 당신 주변에 어려움 당한 형제 자매가 있을 때 당신은 힘이 되는 사람이라고 생각하는가?

10장
교환 조건

"나는 세상이 좀처럼 모르는 평안을 가졌어.
그것은 위로부터오는 평안이며,
모든 이치나 도리를 뛰어넘는 평안일세.
바라기는 하나님께서 나를 끝까지
이 평안 속에 지켜 주시기만을 원하고 있네."

교환조건

시위대 영내에 밤이 찾아왔다. 루쿨루스가 앉아 있는 방안은 밝은 불빛에 의하여 환했다.

그는 문 두드리는 소리를 듣고 일어서 나가 방문을 열었다. 사람 하나가 말없이 들어서더니 방 한가운데까지 걸어왔다. 거기서 그는 쓰고 있던 큰 외투를 벗었다.

"마셀루스!"

루쿨루스는 경악하듯 소리를 지르고는 와락 달려나가 마셀루스의 목을 끌어 안고 기뻐 어쩔줄을 몰라했다.

"어찌된 행운이지? 이렇게 다시 만나다니!"

"이제 우리는"

마셀루스는 쓸쓸한 어조로 말했다.

"만나기가 더 어렵게 될 것 같네. 이번에 나는 목숨을 걸고 찾아왔네."

"사실이네. 자네를 잡으라는 특별 지령이 있었고, 자네 목에는 현상금이 걸렸어. 그러나 자네가 여기 있는 한 자네에게 이 미친 증세가 들리기 전의 즐겁던 시절과 똑같이 자네는 안전해. 여보게, 마셀루스, 왜 그 즐겁던 시절을 다시는 못 나눈단 말인가?"

"나는 내 마음을 바꿀 수가 없고 이미 된 일을 번복할 수 없다네. 뿐만 아니라 루쿨루스, 자네의 눈에는 내 처지가 어려워 보일지 모르지만 나는 지금 같이 행복하던 때가 없었어."

"행복?"

루쿨루스는 크게 놀라는 표정을 지었다.

"그렇네, 루쿨루스. 비록 나는 괴로움을 당하고 있지만 버림을 받지 않았고, 박해를 받고 있지만 낙망하지 않네."

"그런데도 불구하고 자네는 행복하단 말인가?"

"나는 세상이 좀처럼 모르는 평안을 가졌어. 그것은 위로부터오는 평안이며, 모든 이치나 도리를 뛰어넘는 평안일세. 바라기는 하나님께서 나를 끝까지 이 평안 속에 지켜 주시기만을 원하고 있네."

힘찬 어조로 말을 맺고나서 마셀루스는 말머리를 돌렸다.

"그런데 내가 온 것은 내 마음의 상태를 이야기하러 온 것이 아닐세. 자네는 언젠가 내가 자네에게 우정(友情)을 요구할때는 그것을 아끼지 않겠노라 약속했지. 나는 이제 그것을 구하러 왔네."

"내 힘으로 할 수 있는 모든 것은 언제나 자네의 것일세. 요구가 무엇인가?"

"자네가 구금한 죄수 하나가 있는데…"

"그래 많이 있지."

"내가 말하는 것은 소년이야."

"며칠 전에 소년 하나를 붙들어온 기억이 있네."

"그 소년은 가두어 봤댔자 아무 공(功)도 안돼. 황제폐하에겐 조금의 가치도 없는 소년이네. 그런데 그 소년이 자네의 수중에 있어. 루쿨루스, 내가 온 것은 그 소년의 석방을 청하러 왔네."

"하아, 마셀루스, 왜 이런 일을 청하는가? 내가 만일 그렇게 하는 날엔 내 선서(宣誓)를 깨뜨리며, 나 자신을 반역자로 만든다는 것을 자네도 알잖아? 칼을 세워 놓고 그 위에 엎어지라면 나는 곧 하겠네만, 그건 못해."

"이 소년은 아직 어리니까 죄수로 취급이 안 될 거라고 생각했네. 그러면, 아이들까지 다 해당이 되는가?"

"어린 아이들이 콜로세움에서 사형당하는 것을 자네 못 보았는가?"

"나두 봤었지. 그러면 이 소년도 형을 받아야 하나?"

"그렇지. 그가 기독교를 버리지 않는 한 받아야지."

"그런데 그 아이는 결코 그러진 않을 거야."

마셀루스는 말을 이었다.

"그러면 한 가지 더 청이 있네. 죄수를 방면하는 것은 불법이겠지만 교환은 할 수 있지?"

"그렇지."

"만일 내가 그 소년보다 훨씬 큰 죄수 하나를 데려다 준다면, 자네는 그 소년과 바꿔 줄 수 있나? 우리 가운데는 황제가 많은 상금을 걸고 찾는 사람들이 있지. 그런 사람 하나는 그 소년 백 명보다 나을 것 아닌가!"

"그러면 그리스도인들 사이에 서로 배신(背信)하는 일이 있단 말인가?"

루쿨루스는 깜짝 놀라면서 물었다.

"아닐세. 다만 그리스도인은 경우에 따라서 다른 사람의 생명을 구하기 위해서 자신의 생명을 내어 주지."

"그런 경우가 있다니!"

"지금 내가 청하는 것이 바로 그것일세."

"이 소년 대신에 내어 줄 사람이 누군가?"

"나, 마셀루스일세!"

예기치 않았던 말에 루쿨루스는 아연 실색했다.

"이 소년 폴리오는 로마의 가장 유서 깊은 한 가문에 남은 단 하나의 후계자일세. 그의 부친은 전쟁에서 죽었어. 그 아이는 세르비리이 가문의 아일세."

"세르비리이? 그러면 그의 어머니는 가에실리아 부인 아닌가?"

"맞아. 부인도 카타콤에 피신 중이라네. 부인의 전 생명과 사랑은 이 소년에게 있다네. 매일 부인은 소년을 굴 밖으로 내보냈지. 위험한 모험이지만, 어린 아이들에게 치명적인 땅밑의 습기를 두려워해서 부득불 하는 모양이더군. 내어보내 놓고 부인은 말할 수 없이 걱정을 하지.

만약 자네가 그 아이를 죽게하면 부인도 죽을걸세. 그러면 로마의 가장 고결하고 순수한 혈통의 하나는 끊어지고 마는 거지.

이 때문에 나는 그 아이 대신 내 자신을 내놓으려고 왔네. 나는 이 세상에서 홀몸이네. 죽는 것은 곧 닥칠 일이고, 이왕이면 의미없이 죽는 것보다 친구 하나를 살리고 싶다는 말일세."

루쿨루스는 일어나서 초조한 걸음으로 방안을 왔다갔다하며 걸었다.

마침내 그의 입에서 절망의 부르짖음이 터져 나왔다.

"마셀루스! 어찌하여 자네는 나를 이렇게 가혹히 시험하는가."

"내 요구는 단순한 것이야."

"자네의 생명이 내게는 귀중하다는 것을 자네는 잊었는가?"

"그러나 이 아이의 생명을 생각해 주게."

"나도 그 소년을 깊이 동정하네. 그러나 자네의 생명을 남의 생명의 값대신 내가 받을 수 있다고 자네는 생각하는가?"

"내 목숨은 이미 남의 생명의 값으로 드려진 것일세. 자네에게 청하는 것은 그것을 좀 유용하게 드리게 해달라는 것이야."

"내가 막는 이상 자네는 죽지 않아."

"일단 잡히면 아무도 나를 못 구할걸세."

"나는 내 힘껏 반대할걸세."

"내가 직접 황제께 나가 청하면 들어 주시지 않을까?"

"자네도 체포되어서 둘 다 처형당할 뿐이지."

"탄원서를 사람에게 들려 황제에게 보낼까?"

"황제에게 상달되지도 않고, 된다 해도 벌써 늦었을걸."

"그러면, 소망이 없는가?"

마셀루스는 비통한 어조로 물었다.

"없지."

"그러면 자네는 내 청을 절대 들어줄 수 없단 말인가?"

"나원참! 마셀루스, 어떻게 나더러 친구의 피를 흘리란 말인가?"

"주님의 뜻대로 되는거라네."

마셀루스는 자리에서 일어났다.

"빨리 돌아가야 하겠네. 아, 그런데 이 절망의 소식을 가지고 어떻게⋯⋯?"

마셀루스는 무사히 카타콤에 돌아왔다. 그의 외출한 목적을 알고 있던 사람들은 기쁨 반, 슬픔 반으로 그를 맞았다.

가에실리아 부인은 여전히 인사불성의 상태로 누워 있었다.

그의 가냘픈 성품은 이토록 혹독한 시련을 이길 힘이 없었으며 이렇게 큰 타격은 그에게 다시 회복할 가망이 없을 만큼 모든 기운을 빼앗아 가고 말았다.

그날 밤 사람들은 부인의 침상 둘레에 모여 들었다. 그들 앞에서 부인의 기력은 점점 쇠진해 갔고, 죽음은 점점 더 가까워졌다. 설령 아들이 살아온다할지라도 그녀를 소생시키기는 어려워 보였다.

마침내 임종이 왔다.

오랫동안의 정적을 깨뜨리며 부인의 눈이 크게 떠지더니 야위고 파리한 그의 얼굴에 순간 핏기가 지나갔다.

그의 입에서는 가느다란 한 마디가 새어 나왔다.

"주 예수여, 오시옵소서!"

그 소리와 함께 그녀는 이 세상을 떠나게 되었다.

가에실리아 부인의 순결한 영혼은 영혼을 주셨던 하나님께로 돌아갔다.

• 당신은 곤경에 처한 그리스도인 형제를 위해 대신 핍박을 받을 용기가 있는가?

11장

폴리오의 심문

"나를 사랑하셔서
자신의 생명을 나에게 주신 주님께
나를 맡기겠습니다."

황제의 궁궐에서 멀지 않은 곳에 있는 큰 사원의 바닥은 매끈매끈한 대리석이 깔렸고, 높은 천정은 원기둥들이 떠받고 있었다.

넓은 실내의 한쪽 벽에는 제단(祭壇)이 꾸며져 있었고, 제단 위에는 신상이 세워져 있었다. 그 맞은편 높은 자리에는 법복을 입은 치안관들이 앉아 있었고 그들 앞에 여러명의 병사들이 한 죄수를 경호하고 서 있었다.

그 죄수는 소년 폴리오였다.

소년의 안색은 창백했지만, 용모와 태도는 당당하였다. 출중한 예지의 빛이 발산되고 있었다.

폴리오는 모든 형편을 한 눈에 알 수 있었다.

그는 자기에게 임박한 피할 수 없는 운명을 깨달았다. 그러나 그에게는 두려움과 주저하는 기색이 없었다.

새벽에 폴리오는 어머니가 돌아가셨다는 소식을 들었다. 그 소식은 그의 결심을 굳게 하는데 도움이 되리라고 생각한 마셀루스는 루쿨루스의 호의로 폴리오를 만나 전하였다.

마셀루스의 생각은 옳았다. 소식을 들은 폴리오의 순박한 믿음은 자기도 죽음으로써 그렇게도 사랑하던 어머니를 곧 뒤 쫓아갈 수 있으리라고 믿게 되었다.

"네 이름이 뭐냐?"

"말크스 세르비리우스 폴리오."

"나이는?"

"열세 살입니다."

소년의 이름과 나이를 들은 좌중에서는 동정의 기색을 띤 사람들이 주고 받는 수군거림이 들려왔다.

"너는 그리스도 신자라는 이유로 여기에 오게 되었다. 할 말이 있는가?"

"나는 아무런 죄도 범하지 않았습니다. 나는 그리스도 신자이며 이것을 사람들 앞에서 시인하기를 기뻐합니다."

"그리스도 신자가 된다는 것은 반역자가 되는 것이다."

"나는 그리스도 신자입니다. 그러나 반역자는 아닙니다."

"제국의 법률은 네가 그리스도 신자되는 것을 사형으로 금지하고 있다. 네가 그리스도 신자면, 너는 죽어야 한다. 듣거라, 너는 어리다. 네 연소함과 어리석음을 우리는 측은하게 여기는 바이다. 네가 그처럼 어려서부터 잘못된 교육을 받았으니 네가 이 법률을 잘 모른 것은 네게는 거의 책임이 없다고 본다. 너는 이백 년 전에 사형을 당한 그 초라한 유대인을 신이라 믿지? 그 어리석은 미신을 버리고, 지금 우리의 선조때부터 지금까지 믿고있는 종교에 돌아오라."

"나는 할 수 없습니다."

"너는 제국의 명문 중 한 가문에 홀로 남은 혈통이다. 우리는 세르비리이 가문을 존경한다. 네 선조들은 대대로 권세와 영화를 누려왔다.

그러나 너는 지금까지 수치스러운 범법자의 생활을 해왔

다. 그런즉 이제 이 잘못된 사람들과 가르침을 떠나서 돌아오라. 자유와 친구들과 제국이 주는 명예와 황제의 총애가 다 너의 것이 될 것이다."

"나는 할 수 없습니다."

"네 부친은 국가에 충성스러운 신하였고, 용맹 있는 무사였다. 그는 조국을 위해 싸우다 전쟁터에서 죽었다. 너는 너의 아버지의 명성을 자랑스럽게 여기지 않고 있단 말인가? 너는 네 아버지에게 효도할 의무가 있지 않는가? 네게 따라다니는 선조의 명예를 더럽히며, 선조들이 네게 물려 준 고결한 가문의 이름을 그처럼 욕되게 하는 것이 죄악인 줄을 너는 깨닫지 못하는가?"

"나는 선조에게 욕을 돌리지 않습니다. 내 믿음은 깨끗하고 거룩합니다. 나는 죽을지언정 나의 주님을 부인할 수 없습니다."

"우리가 네게 대해서 관용하다는 것을 너도 알 것이다. 우리가 너를 이렇게 타이르는 것은, 너의 무지와 고집으로 인해서 고귀한 가문의 계보가 끊어지는 것을 안타깝게 여기기 때문이다."

"호의에 대해 감사합니다."

폴리오의 어조는 여전히 담담했다.

"그러나 치안관님의 말씀은 내 주님의 높은 교훈에 비하면 무가치합니다."

"뭐라고! 이 어리석은 놈아!"

치안관의 안색은 험해졌다.

"그러면 너는 무서운 사자나 범앞에 서겠단 말이냐?"

"내가 믿는 주님께서 내게 힘을 주실 것입니다."

"과연 그럴까?"

"나를 사랑하셔서 자신의 생명을 나에게 주신 주님께 나를 맡기겠습니다."

"그가 네게 무엇을 해줬단 말이냐?"

"그분은 나에게 모든 은총을 주셨습니다. 나를 살리기 위해서 자기의 생명을 나에게 주셨습니다. 그분을 통해서 나는, 이 생명보다 더 귀한 생명을 받았습니다."

"뭐라고? 헛소리 그만하고 꿈깨라! 한낱 초라한 '유대'인이 어떻게 그런 일을 했겠는가?"

"그분에게는 하나님의 성품이 넘치십니다. 그분은 사람의 몸을 입으신 하나님이었습니다. 우리에게 영혼의 생명을 주기 위하여 그분은 자기의 육체에 고난을 받았습니다."

"마지막으로 네게 기회를 주겠다. 아직 네 앞에 생명이 있다. 쾌락과 평안과 모든 복과 넘치는 생명이 아직도 네 앞에 있다. 명성과 친구들과 부귀와 권세가 다 네 것이 될 수 있다. 탁월한 명예와 가문의 안전이 너를 기다리고 있다. 그 모든 것을 너는 가질 수 있다. 그것을 가지기 위해서, 너는 다만 이 잔을 들고 가서 이 신주를 저 제단에 부으면 된다.

자! 속히 받아라. 간단한 일이다. 지금 곧 행하라. 그래서 죽음의 고통을 면하라."

장내의 사람들은 숨을 죽이고 이 마지막 권고를 받은 폴리오를 주시하였다. 이미 그들의 마음에는 지금까지 보아온 소년의 굳은 결의에 대한 놀라움으로 가득 차 있었다.

소년이 이렇게 강한 고집을 세우는 까닭을 그들은 알 수 없었다.

그러나 이 최후의 권유도 소용이 없었다. 창백하면서도 굳은 결의의 눈빛을 띤 폴리오는 눈앞에 있는 술잔을 손짓으로 물리쳤다.

"나는 주님께 죄를 지을 수 없습니다."

장내는 잠시 고요했다.

이윽고 치안관은 입을 떼었다.

"네 말이 네 운명을 결정했다. 데려가거라."

• 모든 사람이 당신을 어리석다고 손가락질 해도 당신은 끝까지 믿음을 지키겠는가?

12장
폴리오의 죽음

"어머니, 지금 어머니께로 갑니다!
주 예수님, 제 영혼을 받아주소서!"

폴리오의 죽음

폴리오의 사형 집행 날은 갑작스럽게 다가왔다. 그를 죽이기로 결정한 바로 다음날 콜로세움에서는 또 다른 그리스 도인들의 학살이 있었다.

먼저 종전 같이 특기사들이 차례로 나와서 개인 대 개인으로 혹은 집단적으로 결투를 하였다. 형형색색의 참혹한 죽음이 벌어져 나갔는데, 관중들은 그 중에서도 가장 참혹한 죽음을 죽는 사람과 죽이는 사람에게 갈채를 보냈다.

몇 사람의 적수를 넘어뜨리고, 전신에 부상을 입은 검사가 어깨로 숨을 쉬며 애걸하는 눈을 들어 살려주기를 바라면서 관중석을 우러러볼 때마다, 무자비한 관중들의 엄지손가락은 언제나 예외 없이 죽이라는 표시인 아래만을 가리켰다.

관중들은 마침내 작은 규모의 학살에 권태를 느껴 큰 무더기 학살을 보이라고 고함을 지르기 시작했다. 마지막 판의 흥을 돋우기 위해서 많은 그리스도인들을 대기시키고 있다는 말을 그들은 듣고 있었다.

루클루스는 황제의 좌석 좌우를 옹위하고 있는 시위대원들 중에 끼워 있었다. 그러나 그의 얼굴에는 어딘가 침울한 기색이 엿보였으며, 전과 같은 명랑한 태도는 찾아볼 수가 없었다.

그곳에서 훨씬 높은 관중석의 자리에는 군중들 틈에 끼어 앉은 한 사람이 있었다. 그는 눈에 띄게 창백하고 대차게 생겼었다. 뚫어지게 경기장을 주시하고 있는 그 눈이 심상치 않았다.

요란스러운 철갑문 열리는 소리가 들리더니 범 한 마리가 경기장 안으로 뛰어 나왔다.

동시에 군중들 틈에서 경악의 탄성이 섞인 중얼거림이 일어났다.

소년 하나가 등을 떠밀려서 경기장에 나타난 것이다.

파리한 얼굴과 가냘픈 사지, 한줌 되는 소년의 몸은 저편에 나타난 커다란 맹수의 체구에 비하면 아무 것도 아니었다. 잔악한 사형 집행관들은 그를 놀림거리로 만들기 위해 그에게 투구사의 옷을 입혀서 내보냈다.

그러나 소년의 어린 나이와 연약한 체격에도 불구하고, 얼굴이나 태도에서 두려워하는 기색을 찾아볼 수 없었다.

그의 눈매는 고요하였고, 거의 방심한 태도였다. 조용히 걸음을 옮겨 경기장의 중앙까지 다다른 그는, 관중들 앞에서 손을 모으고 하늘을 우러러 보며 기도하기 시작했다.

그 동안에 범은 처음에 소년을 보았으나 다시는 거들떠보지 않고, 충혈한 눈으로 높은 벽의 아래 위를 훑어보며 가끔 우렁찬 포효를 울렸다.

이윽고 범은 돌기를 그치고 소년을 향해 섰다. 범은 온 몸의 털을 빳빳이 세우고 불이 튀는 눈빛으로 미끼를 노리면서 꼬리를 낮추며 웅크렸다.

마지막이 가까운 것을 깨달은 소년은 땅에 엎드려 무릎을 꿇었다. 관중들은 물을 끼얹은듯 조용하게 숨을 죽이고 새로운 학살의 광경을 기다렸다.

관중석 뒤편 높은 자리에서 경기장을 뚫어지게 내려다 보고 있던 한 사람이 돌연 일어났다. 그는 서서 한층 긴장한 눈초리로 아래를 응시하였다. 그러자 그의 뒤에서 고함 소리들이 들려왔다.

"앉아라!"

"앉아!"

"뒤에선 안 보인다!"

그러나 그 사람은 고함 소리를 듣지 못하는지 혹은 못들은 체 하는지 그대로 서 있었다. 마침내 떠들썩 하는 소리는 점점 커져서 아래에 있는 장교들의 귀에까지 들렸다.

목숨 걸고 믿음을 지킨 사람들

장교들은 뒤를 돌아 보았다.

루쿨루스도 돌아다 보았다.

순간 그는 안색이 파래졌다.

"마셀루스!"

한 두 발 뒷걸음을 치고 서서 어찌할 바를 알지 못하던 그는 정신을 차리고 통로를 지나 현장을 향해 달려갔다. 그때에 온 관중석에서 큰 고함소리가 울려 나왔다. 성을 더욱 돋우기 위하여 소년의 주위를 몇 바퀴 에워돌던 범이 이제 뛰어들 자세를 취한 것이다.

소년은 일어났다.

'스랍' 천사의 광채가 그 얼굴에서 빛나는 것 같았다. 그의 눈에는 이미 경기장도, 높이 둘린 벽도, 잔인한 군중들의 냉혹한 눈초리도, 심지어는 눈 앞에 막아서 있는 범의 우람한 체구도 보이지 않았다. 그의 영혼은 벌써 하늘로 가서 새 예루살렘의 황금문에 다달아 있었으며, 말할 수 없는 천성의 광채를 뚜렷이 보고 있었다.

"어머니, 지금 어머니께로 갑니다!

주 예수님, 제 영혼을 받아주소서!"

그의 음성은 분명하게 그리고 아름다운 여운을 남기면서 온 장내를 울렸다.

소년의 음성이 그치자, 범이 뛰어 들었다.

다음 순간 뒤엉킨 한 덩어리의 그림자가 먼지에 가리워져 어른거릴 따름이었다.

싸움은 끝났다.

잠시 온 장내에 정적이 감돌았다.

그러나 잠시 뒤 정적을 깨뜨리고 홀연 나팔 소리 같은 외침이 온 장내에 있는 사람들의 고막을 울렸다.

"사망아 너의 이기는 것이 어디 있느냐 사망아 너의 쏘는 것이 어디 있느냐…우리 주 예수 그리스도로 말미암아 우리에게 이김을 주시는 하나님께 감사하노라"(고린도전서 5:55).

수 많은 사람들이 일제히 노기가 충천하여 자리에서 벌떡 일어났다. 그리고 주먹을 쥐고 두 팔을 흔들며 관중석 뒤에 서 있던 대담한 반발자를 향해 허공을 향해 주먹질하며 외쳤다.

"그리스도인이다!"
"그리스도인이다!"
"불에 던져라!"
"범에게 주어라!"
"경기장에 처 넣어라!"

함성들이 우뢰같이 진동했다.

노발대발하며 마셀루스를 그 자리에서 찢어 버리려는 사람들이 그에게 막 달려들으려 할 때 루쿨루스가 그 자리에 도착했다.

경기장에 있는 범보다도 관중들은 더 사나우며 더 피에 굶주린 것 같았다.

그러나 루쿨루스의 위엄에 눌려서 그들은 슬슬 물러나고, 뒤이어 병사들이 뛰어왔다.

경기장 밖에 나온 루쿨루스는 범인을 직접 후송하기로 하고 병사들은 뒤따랐다.

"무슨 일인가, 마셀루스! 생명을 이렇게 버려야만 한단 말인가!"

"순간적인 충동에서 그래 버렸네. 내가 사랑하던 그 소년이 내 눈 앞에서 죽었어! 나는 자신을 제어할 수 없었네. 그러나 후회하지 않아. 아니, 나는 기쁘다네. 내 주님을 위해 고난을 받게 된 것이 나는 즐겁네."

"여보게! 자네는 목숨이 귀하지 않은가?"

"나는 생명보다 내 주님을 사랑한다네."

"이봐, 마셀루스, 우리 앞에는 막는 자가 없어. 빨리 뛰어가게. 빨리!"

루쿨루스는 재빨리 이렇게 말했다.

그러나 마셀루스는 친구의 손을 굳게 쥐며 말했다.

"아닐세, 루쿨루스, 내가 살기 위해 자네의 명예를 훼손시킬 수는 없어. 자네의 우정을 달게 받겠네. 그러나 나 때문에 자네가 어려운 자리에 빠져서는 안돼."

　루쿨루스는 한숨을 쉬고, 말없이 걸어갔다.

- 장내에서 소리지른 마셀루스처럼 당신도 그렇게 할 수 있는가? 아니면 모르는 척 하겠는가?

<u>13장</u>
시 험

동시에 끊어지는 생명의 마지막 힘을 다해
그는 큰 소리로 한 마디를 부르짖었다.

"승리!"

 시험

그날 루쿨루스는 친구 마셀루스와 함께 시위대 안의 자신의 방에서 밤 늦도록 온갖 얘기로 설득하며 친구의 결심을 바꾸려고 애썼다.

"내가 권하는 것은 어려운 일이 아닐세."

루쿨루스의 말이다.

"자네더러 이 종교를 아주 버리라는 것이 아닐세. 잠깐만 버리란 말이야. 지금 박해는 극도에 달한 감이 있어. 남녀 노소, 귀천을 가리지 않고 있으니까. 폴리오만 하더라도 어지간하면 살릴 수 있었다네. 그 애는 어린 미성년이고 무엇보다 명문가문의 하나밖에 남지 않은 자식인데도 죽이는 걸 보게!"

"다 잘 알겠네. 어두움의 권세가 하나님의 자녀를 공격하여 괴롭게 하고 있지만 , 이 터는 반석 위에 세워졌으며, 음부의 권세가 이를 이기지 못할 것일세. 그러나 선하며 깨끗하고, 거룩하며, 죄 없는 사람들이 환난을 받아야만 하며, 이미 내 눈이 그렇게 되는 이들을 많이 보았네."

"내 말을 제발 듣게 마셀루스. 바람이 너무나 거세니 잠시만 고개를 숙이란 말일세. 현명한 사람의 길을 취하게. 광신자의 길을 버려."

"그러면 자네는 내가 어떻게 하면 좋겠단 말인가?"

"이렇게 하게. 수년 안으로 상황이 바뀔 수 있을 것 아닌가? 박해가 종식되든지, 황제가 작고해서 다른 생각을 가진 분이 등극할 수도 있겠지. 그렇게 되면 기독교를 자유로이 믿을 수 있는 날이 올 것 아닌가."

"루쿨루스, 그것은 불가능한 일이네. 내 영혼은 그런 일을 생각할 수조차 없어. 그렇게 한다면 나는 이중적 인간이 되고 말지."

"자네가 그렇게 고집만 부린다면, 나는 자네를 살릴 의욕이 사라져버리네. 이 문제만은 합리적으로 생각해야 할 것 아닌가. 내가 하라는 것은 거짓 맹세가 아니요 하나의 방법이며, 이중적이 아니라 지혜의 문제일세."

"나는 그렇게해서 하나님께 죄를 짓지 않겠네!"

"이것도 생각해 보게. 그렇게 하면 자네 혼자만 사는 것이 아니라, 다른 사람에게까지 유리할걸세. 자네가 사랑하는 저 그리스도인들을 지금보다 훨씬 효과적으로 도울 수 있을 거야."

"자기의 믿음을 버리고 구세주를 부인할만큼 비열한 그리스도인이라면, 그런 마음을 가지고는 곤경에 빠져있는 형제, 자매를 도울만한 너그러운 마음을 기대할 수가 없다네."

"마셀루스, 정히 그렇다면 끝으로 한 가지만 더 권면해보고 그만 두겠네. 이것이 마지막 길일세. 부대에 복귀를 하게. 마음으로는 어떻든간에 형식상으로만 돌아오게. 자네는 전에 명랑하고 쾌활한 군인이었고, 자기 책임에 충실한 사람이었어. 자네는 종교의 의식같은 것과는 먼 사람이었고, 사원에 나가는 일조차 극히 드물었지. 그저 자네의 취미는 영내에 묻혀

사는 일이었으며, 나다니기조차 싫어하지 않았던가. 그리고 자네가 숭상하던 교훈이란, 철학자들의 말이었지. 언제 사원의 제관들의 말을 들으려고나 했었나?

이제 이 모든 지금의 상황에서 돌아서게.

약간의 분별 있는 태도만 취하면 된단 말일세. 당분간만 잠자코 있으면서, 근무에 충실하면 될거야. 그래서 자네가 로마에 머물면 사람들은 자네가 그리스도인이 되었다는 소문이 잘못된줄 알 것이며, 그러다 해외에 나간다면 모를거야."

"루쿨루스, 그것은 안될 말이야. 설사 그렇게 하고 싶어도 여러 가지 이유에서 그것은 불가능할걸세. 이미 나에 대한 체포 영장이 발급되어 내 목에는 현상금이 걸려있고 무엇보다 어제 황제의 눈에 띄고 말았으니 만사는 끝일세.

그건 또 고사하고라도, 나는 자네의 권면을 들을 수 없네. 그렇게 해서는 내 주님을 섬길 수가 없어. 그분을 좇으려는 사람들은 공명정대하게 그분을 시인해야만 하는 걸세. 주님께서 말씀하시기를, 「누구든지 사람 앞에서 나를 시인하면 나도 하늘에 계신 내 아버지 앞에서 시인하리라」(마태복음 10:32)고

하셨네. 나는, 먼저 나를 사랑하시고, 나에게 자신을 주신 주님을 사랑하는걸세. 내 가장 큰 기쁨은 그분을 사람들 앞에서 선포하는 일이며, 그를 위해 죽는 것이 나의 가장 영예로운 행동일 것이며, 순교자의 면류관이야말로 나에게는 가장 영광스러운 상금이라네."

루쿨루스는 더이상 말하지 않았다.

모든 설명과 타이름이 쓸모없는 줄을 깨달았기 때문이다.

오히려 마셀루스는 친구와의 이 마지막 시간을 낭비하지 않고 구원의 도리, 복음을 증거했다. 루쿨루스는 참을성 있게 듣고 있었으나, 그것은 관심에서 보다도, 우정때문이었다. 그러나 마셀루스가 한 말들 중에서 몇마디는 그의 마음에 남았다.

이튿날 마셀루스에 대한 재판이 열렸다.

사형이 선고되고 사형의 방법으로는 맹수에 의해서도 아니고, 검사들의 손에 의해서 죽이는 것도 아니고 가장 혹독한 고통을 주는 화형에 처하기로 되었다.

경기장의 중앙에 화형기둥이 세워지고, 그 둘레에 나무가 높이 쌓였다.

마셀루스는 포악한 형리들에게 이끌려서 장내에 나타났다. 형리들은 그를 마구 치고 모욕을 줌으로써 임박한 형벌의 공포를 더높였다.

마셀루스는 고개를 들어 넓은 관중석을 채우고 있는 무수한 사람의 얼굴들을 쳐다보았다. 그 남녀들의 얼굴에서는 냉혹, 잔인, 무자비 이외의 것을 찾아볼 수는 없었다.

넓은 경기장을 보는순간 그의 눈에는 자기보다 앞서 이곳에 서서 죽어간 수많은 그리스도인들의 영상이 떠올랐다. 그가 목격했던 어린 아이들의 수난의 장면이 기억되면서, 그들이 부르던 승리의 노래가 가슴에 떠올랐다.

우리를 사랑하신 그분에게 영광.
우리의 죄를 용서하신 주님에게 영광.

형리들은 포학스럽게 마셀루스를 끌어다가, 튼튼한 쇠사슬로 형틀 위에 묶어 달았다. 꼼짝할 수 없었다.

전제와 같이 내가 벌써 부어지고 디모데후서 4:6

마셀루스의 입에서 중얼거리는 음성이 들려왔다.

나의 떠날 기약이 가까웠도다. 이제 후로는 나를 위하여 의의 면류관이 예비되었으므로, 주 곧 의로우신 재판장이 그 날에 내게 주실 것이다 디모데후서 4:8.

나무에 불을 붙이자, 잠시 후에 진한 연기가 화형기둥을 가리우며 피어올랐다.

얼마 동안 순교자의 모습은 보이지 않았다.

연기가 점점 사라지자 불길 속에서 얼굴을 위로 향하고 두

목숨 걸고 믿음을 지킨 사람들

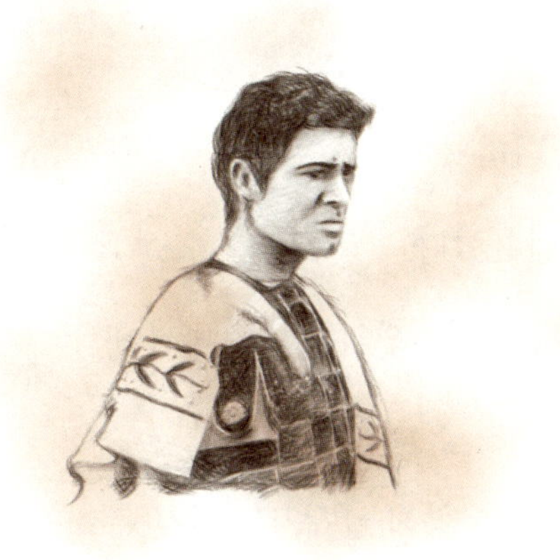

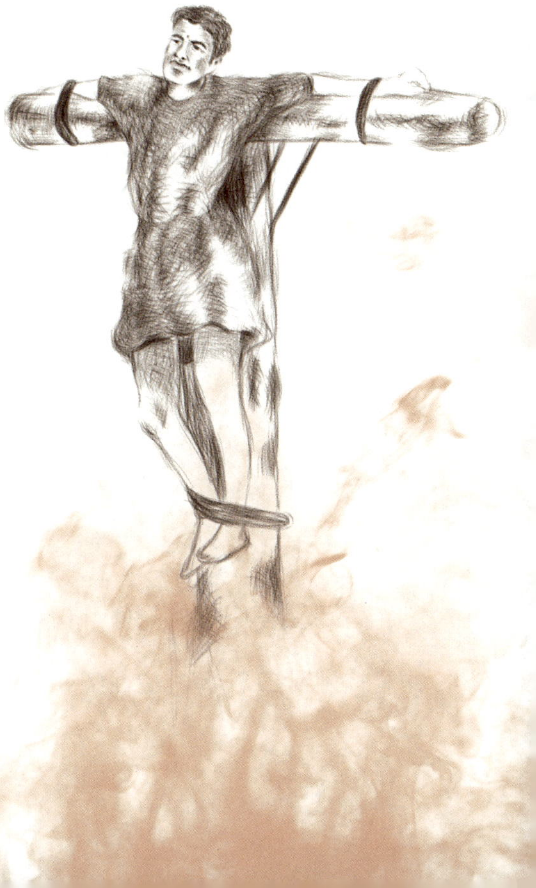

주먹을 불끈 쥔 그의 모습이 다시 나타났다.

불길은 점점 더, 더욱 더 높이 타올랐다.

난폭한 침노를 받고 있는 생명은, 그 최후의 피난처에서 바르르 떨고 있었다.

그러나 그의 영혼은, 안식의 낙원을 향해 날개쳐 올라갈 준비를 하고 있었다.

마침내 고통은 경련으로 바뀌었다.

한층 예리하고 극심한 고통이 그의 전신을 도려내는 것 같았다.

동시에 끊어지는 생명의 마지막 힘을 다해 그는 큰 소리로 한 마디를 부르짖었다.

"승리!"

부르짖음과 함께 생명이 그에게서 떠난 듯 솟아 오르는 불길 속에서 그의 목이 고개를 숙였다.

마셀루스의 영혼은 '그리스도와 함께 사는, 눈물도 근심도 없는 좋은 곳으로 떠났다.'

- 당신은 목숨을 내걸고 믿음을 지키는 사람인가?

14장

루쿨루스

그러나 우리는 안다.

그들의 이름을 하늘의 '생명책'에

기록되었다는 것을…

루쿨루스

관중들 중에 한 사람, 루쿨루스는 마셀루스의 고통과 죽음의 시종을 괴로움이 가득한 얼굴로, 잠시도 눈을 떼지 않고 내려다 보았다. 관중들이 모두 남김 없이 다 떠난 뒤에까지 인적없는 경기장내에 그는 홀로 남아 있었다.

이윽고 그는 일어나, 경기장을 향해 걸어 내려갔다.

그를 보고 경기장으로 들어가는 문을 열어주는 경비병에게 말했다.

"뼈를 담을 단지 하나를 가져오게."

그리고 나서 그는 이미 식어버린 잿더미를 향해 걸어갔다.

말 없이 경비병의 손에서 단지를 받아 들은 루쿨루스는 재 속에서 뼈의 흔적으로 생각되는 조각 몇을 추려 내어 단지에

담았다.

그가 그곳을 떠나려 할 때에 노인 하나가 그의 앞에 나타나서 인사를 했다.

"저에게 용건이 있습니까?"

루쿨루스는 공손히 물었다.

"나는 호노리우스라는 사람으로, 그리스도교 장로 중의 한 사람올시다. 여기서 오늘 내 사모하는 형제가 죽임을 당했는데, 그 유골이나마 얻으려고 왔소이다."

"노인께서 저에게 그런 말씀을 하셨으니 천만 다행이지, 다른 사람에게 그런 말씀을 하셨더라면 큰일날 뻔하셨습니다. 노인의 목에는 상금이 걸려 있다오.

고인은 나에게도 막역한 사이였습니다. 그가 가버린 지금, 천지가 공허한 듯하여, 생명이 짐이 될 뿐입니다."

"보아하니 귀관은 다른 이가 아니라, 고인이 자주 흠모의 정으로 이야기하던 루쿨루스시구려?"

"그렇소이다. 우리들 같이 막역한 사이는 이 땅에 또 없을

것입니다. 할 수만 있었다면 나는 그를 구했을 것입니다."

"귀관에게는 손실인 그것이, 그에게는 무한한 소득이올시다. 그는 이제 썩음을 보지 않을 영생에 들어갔소."

"그의 죽음은 승리였습니다. 그리스도인들의 죽음을 많이 보아왔지만, 그들의 소망과 확신은 놀라웠습니다. 마셀루스는 죽음이 마치 말할 수 없는 축복인양 죽어갔습니다."

"루쿨루스 형제여, 그대의 친구는 그가 새롭게 믿게 된 그리스도교의 의식을 좇아 장사되기를 원할 것이오. 그의 이름도 이제부터 영원히 다른 많은 순교자들과 안식의 자리에 같이 있기를 원하지 않을까요?"

"분명히 그렇겠지요. 나는 그 의식과 고인의 영혼을 존경하는 뜻에서 내가 장례식을 하려던 것을 그만 두겠습니다. 이 유골을 가져 가십시오. 그러나 나도 장례식에 참예하고 싶습니다. 당신들이 원수로만 아는 군인인 내가 당신들의 처소에 가서 그의 장례식을 볼 수 있겠습니까?"

"마셀루스를 환영했던 것 같이, 우리는 형제를 환영하겠소. 그리고, 아마 마셀루스가 받았던 것과 같은 은혜를 그대도 받게 될 것이오."

루쿨루스는 동의를 표하고 나서, 소중스레 들고 있던 단지를 호노리우스 장로의 손에 넘겨주고, 슬픔에 잠겨서 집으로 돌아왔다.

그 이튿날 그는 한 사람의 안내로 카타콤에 들어가게 되었다.

루쿨루스의 수심에 싸인 창백한 얼굴은 조문을 온 사람들 틈에서 유난히 눈에 띄었다.

비록 루쿨루스는 그리스도인이 아니었으나, 그들의 교리를 듣고 탄복했으며, 그들의 드높은 소망에 귀를 기울였다. 그는 친구의 유골을 지하동굴에 준비된 묘소에 손수 올려놓았다.

집으로 돌아온 루쿨루스는 전과는 다른 사람이 되었다.

목숨 걸고 믿음을 지킨 사람들

그는 그리스도인은 되려고 하지는 않았으나, 친구의 죽음은 그에게 뿌리 깊은 인상을 남겼다. 그러나 그에게는 죄를 슬퍼함이 없었고, 회개가 없었고, 참 되시고 살아계신 하나님을 알고자 하는 욕구가 없었다.

그러나 친구로부터 받은 감화가 그에게 한 가지 변화를 일으켰는데 그것은 마셀루스가 생사고락을 함께 나누던 눌리고 궁핍한 사람들에 대해서 깊은 동정심을 가지게 된 것이었다.

이 동정심은 그들을 위한 지원으로 변했다.

한 때 마셀루스에게 약속했던 우정과 후원의 약속을 그는 모든 그리스도인들에게 지켰다. 그 후 그의 저택은 그리스도인들의 가장 안전한 은신처와 유력한 도움의 장소가 되었고, 그의 이름은 그리스도인들 사이에서 이 땅에 있는 사람 중에서 가장 유능한 친구로서 알려지게 되었다.

그러나 모든 일에는 끝이 있다. 영원히 계속될 듯하던 그리스도인들의 수난과, 루쿨루스의 우정에 마침표를 칠 날이 마

침내 왔다.

박해는 끝났다.

그리스도인들의 모임에 평화가 돌아왔고, 그리스도인들은
카타콤에서 나와서, 밝고 환한 햇빛을 즐겁게 다시 볼 수 있게
되었다. 그들을 구원하신 주님의 이름을 그들은 다시 세상 사
람들 앞에서 찬양하게 되었고, 또 무수한 악과 더불어 싸우는
그들의 쉬임 없는 싸움을 다시 계속하게 되었다.

여러 해가 지나갔다.

그러나, 루쿨루스에게는 아무런 변화도 일어나지 않았다.

호노리우스가 카타콤에서 나오자 그는 노인을 자기의 저
택에 모셔들이고, 거기서 여생을 편히 보내게 하였다.

호노리우스는 고명한 은인에 대한 보은을 그에게 진리를
깨닫게 해주는 것으로 갚아 보려고 힘썼지만, 마침내 그 뜻을
이루지 못하고 별세하였다.

그러나 은혜는 세월이 훨씬 지난 후에 루쿨루스에게 임했

다. 그가 장년기를 지나, 노년기에 접어들 때 마침내 구세주를 만나게 되었다.

하나님의 성령이 그에게 임하였고 그 거룩한 능력을 통해서 마침내 그는 구세주의 사랑 안에서 기뻐할 수 있는 복을 얻게 되었던 것이다. 그 능력이야말로 세세에 걸쳐 만인의 심령 속에서 놀라운 역사를 나타나게 하는 능력이었다.

데키우스(Decius, AD 249-251) 황제가 예수 믿는 사람들을 음침한 카타콤 속으로 몰아넣은 일이 있은 이후, 여러 세기의 긴 세월이 흘렀다.

압피아 도로에서 걸음을 멈추고, 지난날을 회고해 보라.

발 밑에는 황폐한 무덤들이 깔려 있다. 그 주인들은 이 땅 위에 살아 있는 동안에, 세상에서 버림을 받아 그 땅밑으로 들어가 천국의 공기를 호흡하다가 이곳을 떠난 사람들이다.

멸시를 받고, 욕설을 받으며, 버림을 받아 환란에 시달리던 그들이었다.

역사의 페이지는 그들의 이름을 언급하지 않았다.

그러나 우리는 안다.

그들의 이름은 하늘의 '생명책'에 기록이 되었으며, 다음과 같이 기록된 무리들 사이에 영원히 함께 거할 것을….

이는 큰 환난에서 나오는 자들인데

어린 양의 피에 그 옷을 씻어 희게 하였느니라

그러므로 그들이 하나님의 보좌 앞에 있고

또 그의 성전에서 밤낮 하나님을 섬기매

보좌에 앉으신 이가 그들 위에 장막을 치시리니

그들이 다시는 주리지도 아니하며 목마르지도 아니하고

해나 아무 뜨거운 기운에 상하지 아니하리니

이는 보좌 가운데에 계신 어린양이

그들의 목자가 되사 생명수 샘으로 인도하시고

하나님께서 그들의 눈에서 모든 눈물을

씻어 주실 것임이라 계시록 7:14~17

> • 순교자들의 희생이 오늘날을 살고 있는 당신과 어떤 상관
> 이 있는가?

자신의 '믿음'을 점검하기 위한 질문

1. 당신이 그리스도인으로 살아가는 의미는 무엇인가?
   (갈 2:20 참조)

2. 당신은 하나님의 자녀로서 의무를 다하고 있는가?
   (요일 3:1~3 참조)

3. 당신은 어떤 상황에서든지 그리스도인임을 당당히 선언할 수 있는가? (벧전 4:16 참조)

4. 당신은 예수님 때문이라면 어떤 어려운 환경도 겸허히 받아들일 준비가 되어 있는가? (빌 1:29 참조)

5. 예수님께서 '나'를 위해 돌아가심은 당신에게 어떤 의미를 주는가? (갈 6:14 참조)

6. 당신은 예수 그리스도를 위해 얼마나 큰 희생을 감수하였는가? (빌 3:7 참조)

7. 당신이 로마박해 시대의 교인이라면, 기꺼이 카타콤에 살면서 저항할 수 있겠는가? (고전 4:10~13 참조)

8. 당신은 다른 그리스도인이 핍박 받는다는 소식을 들을 때 어떤 마음이 드는가? (요일 3:16 참조)

9. 당신 주변에 어려움 당한 형제 자매가 있을 때 당신은 힘이 되는 사람이라고 생각하는가? (사 4:6 참조)

10. 당신은 곤경에 처한 그리스도인 형제를 위해 대신 핍박을 받을 용기가 있는가? (마 5:11 참조)

11. 모든 사람이 당신을 어리석다고 손가락질 해도 당신은 끝까지 믿음을 지키겠는가? (마 24:9~13 참조)

12. 장내에서 소리지른 마셀루스처럼 당신도 그렇게 할 수 있는가? 아니면 모르는 척하겠는가? (미 3:8 참조)

13. 당신은 목숨을 내걸고 믿음을 지키는 사람인가? (마 10:39 참조)

14. 순교자들의 희생이 오늘날을 살고 있는 당신과 어떤 상관이 있는가? (롬 16:3~4 참조)

목숨 걸고 믿음을 지킨 사람들

개정판 1쇄 인쇄 2009년 10월 15일

지은이 작자미상
옮긴이 한제호
발행인 김용호
발행처 나침반출판사
등 록 1980년 3월 18일 / 제 2-32호
주 소 110-616 서울 광화문 사서함 1641호
전 화 대표 (02)2279-6321 영업부 (031)932-3205
팩 스 본사 (02)2275-6003 영업부 (031)932-3207

www.nabook.net
nabook@korea.com
nabook@nabook.net

ISBN 978-89-318-1402-6   03230
책번호 가-3095

· 값은 뒷표지에 있습니다.
· 잘못 만들어진 책은 구입처나 본사에서 바꿔드립니다.

나침반출판사는 우리를 구원하신 아름다운 주님을
21세기 문명의 이기(利器)를 통하여 널리 전하고 싶습니다.